吃的台灣史

荷蘭傳教士的麵包、清人的鮭魚罐頭、日治的牛肉吃法，尋找台灣的飲食文化史。

翁佳音、曹銘宗◎著

目次

上卷 吃什麼的台灣史

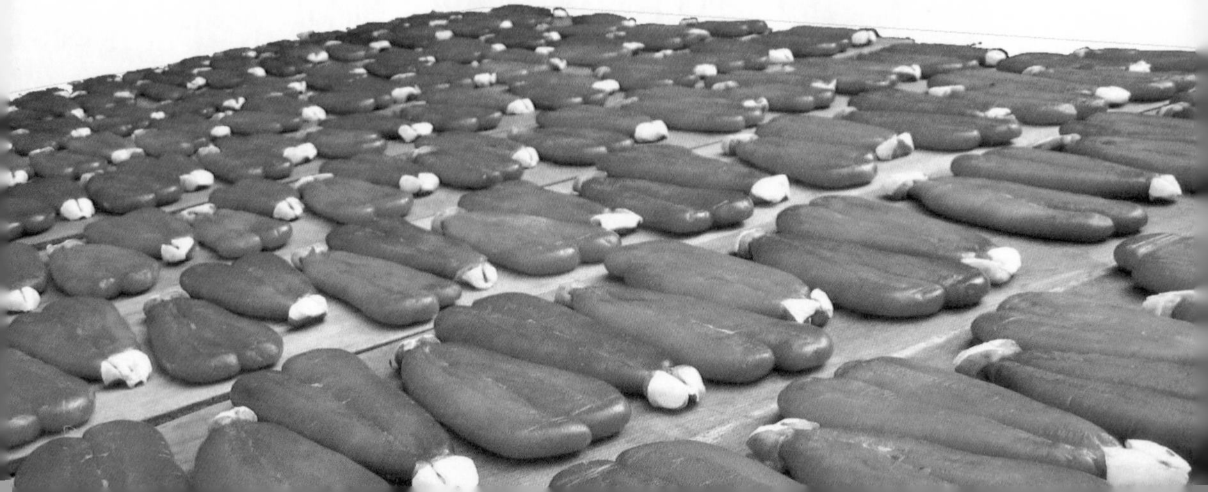

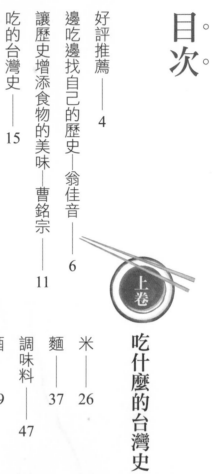

下卷

怎麼吃的台灣史

好。評。推。薦。

料理是實驗科學的一部分，懂得吃更能使料理達到美味的巔峰，懂得台灣土地上的族群人文、遷徙移民、戰後遺留，留下了食材演化的跡象與脈絡，也融合出台灣飲食文化中最驕傲的接納包容，世界各地新食材的引進在這氣候宜人的台灣土地生根，米種的改良、小麥麵食工業與麵包的政策市場、茶的熱冷飲習慣、台灣糖的興衰轉型、糖與台灣米酒的特色、調味料的多樣性煮出多味的台灣菜。

手握曹銘宗老師、翁佳音老師的這本《吃的台灣史》，豐富了知識的印證，更可讓台灣料理人展演出在地食材的生命與價值。

——林奕成／澧食公益飲食文化教育基金會「美味革新」主廚

我這兩位老友熱愛台灣史學術研究，也熱衷在生活文化的歷史基礎做奠定性的書寫。上次他們合作，據各階段歷史文獻考訂台灣地名；這次合作，他們的別出心裁，依然嚴謹大量考證文獻，而在嗅覺、味覺、營養、經濟食材、民族美食、跨民族暨異民族融合等等的傳統與變遷，漫漫的歷史流動中介紹台灣飲食生活和文化。

——東年／小說家

「汝為台灣人不可不知台灣事」，這常常是勸說別人讀台灣史的理由。但坊間的台灣史很容易淪為仇恨史，不是要你記得被誰侵略，誰又做了貪汙殺戮的勾當，或這塊土地自古以來不屬於任何人等等。這些問題感覺都同樣指向相近的答案，但仔細想想又彼此矛盾，好像是認知作戰的粗糙伎倆且讓人讀得不愉快。這本《吃的台灣史》跳脫上述窠臼，從跨學科的物質文化角度，來看這塊美麗土地與多樣族群一同匯聚共創且讓世人食指大動、垂涎三尺的美食由來，怎不讓人神往。

——莊德仁／師大歷史所博士，建中歷史教師

邊吃邊找自己的歷史

翁佳音

我到大學時代才逃離彰化農村，但已養成吃飯狼吞虎嚥只求飽食的習慣，原本就缺美食底子與素養，煮食更屬拙劣，兒子蹙眉，實在沒資格寫這方面的讀物。

俗話說歪嘴雞啄好米，或枵鬼（iau-kuí）狗痟想豬肝骨、夭貓痟想海底魚，都是妄想，我謹記在心不敢魯莽違犯。這次會答應故友林富士教授、老友曹銘宗之建議，合作撰寫吃與台灣史議題，一方面是料理、割烹對銘宗兄來說形同桌頂拈柑（拈音 nî），他甚至曾打算退休後開一家美食店。與這般飲食達人作夥探討飲食文化，應不用擔心會被學術界，至少不會被遠庖廚的研究者，譏罵我越境搶人飯碗。

讓我決定參與的另一個原因，是歷史學思考。多年前，我也受法國歷史人類學影響，其中有阿蘭・科爾班（A. Corbin，1936～）的「感覺或感性歷史 l'histoire des sensibilités, the History of Sensibilities」，我共鳴不小，我把他轉講成是感官的歷史。我常跟學生說：我們的歷史好像瘖啞聲少、影像黑白、無味無素，很難挑動感官。我四十幾歲後聽力日失，如今幾成聾人，對歷史聲音元素反而敏感起來，我開始追問：無近現代計時器的農村社會，時間聲音如何敲響？歷史戰爭，何時爆發槍砲聲？（若有人回答從荷蘭時代開始，我會告訴你：答案，錯！）台灣初登世界史舞台，各族人群如何溝通？有系統交代聲音的歷史讀物，很少。

色也一樣，最近有書商販售以電腦技術將黑白照彩色化的歷史照片。我相信看過的人總會覺得哪裡怪，不太像歷史現場中的顏色。電腦「復原」的彩色照片，怪的地方在於景色均一、無色差，人間深淺顏色不見。我想原因應仍在於歷史研究者對物質文化，例如衣物材質及顏色、日常生活器物與環境生態等知識的不足，致使「還原」後的歷史照片顏色怪異又失真。

最後是味。我想很多人大概跟我有一樣的感官經驗，高樓公寓建築叢林未遍布之前，城鄉聚落飄出蔥薑蒜頭炒出還活著的日常生活味，麻油雞酒香通常是宣告社區新生兒的來臨；但這些味道與路旁人或動物之糞溲、小醫院的消毒水等等，幾乎已從現在公眾嗅覺中退隱。荷蘭時代台南的台灣（Teijouan）與台灣街（Stad Zeelandia），跟日本長崎關係密切，後者有「長崎氣味／長崎の匂い」之語，台灣也有類似景象——古都台南有海內外多族群雜居，會發出怎樣的混雜氣味？國內有歷史家會談麼？

就是因為上面這些的歷史學理由，我覺得應該著手進行聲色味感官歷史的探討，因此有這本先從「味」講起的作品誕生。我與銘宗兄默契多年，這本書是我們第二次合作，說是共同作品，其實還有兩個共同的研究基礎。一是我長年來深受名源學（Etymology,

Onomastics）影響，對地名、人名與物名之命名來源會花費心力探究，銘宗兄也一樣，讀者可從他兩本暢銷食物書都放在「食物名」與「海產名」的溯源考訂，就可知我們立場相似。

其次是我們對海之味有共同的好奇與關注，本書因而花了一些氣力講海與魚的歷史故事。歐洲人筆下的大航海時代，船員水手三餐吃啥飲哪種酒，文獻一清二楚，因為有船上菜單資料（今日飛機、輪船印有菜單，即是此傳統），但研究台灣的海之味卻沒有這麼多資料，得靠平時閱讀文獻勤筆記，目前也僅能粗略提幾種菜。我們認為十六世紀以來，亦即荷蘭東印度公司還未占領台灣以前相當一段時間，台灣的原住民與漢人（漢人不是都從荷蘭時代開始才移住台灣）早有魚醬製作，漁民已開始撈捕高價魚類、粗製產品運往中國，如烏魚、烏魚子以及塗魠（koningvis）、魚翅（Haeyen, Hayevinnen）、鰛魚（cleene visch）等等，一般賤價之魚留著自己吃。我們更指出荷語資料中記錄台南麻豆港（Mattaukangh）與嘉義義竹龍蛟潭（Lonckjou）一帶已有魚塭（Oynij），多少透露了大明帝國閩粵海邊的民間養殖法已傳到台灣。日本時代以前台灣漁業進出口與民間吃魚習慣，顯然與這般利潤追求有密切關係。

可惜有關食物料理、魚類養殖的資料在官方文獻中屬次要，且記錄零散，甚至是無隻字片語敘述。我與銘宗兄因而思考不妨往非文獻層次尋找間接證據。我們假設百千年來有種「漳泉潮文化圈」與「南島語族文化圈」，不管朝代嬗替如何，文化圈內的人總會藉著海上之路長期交流而把飲食與養殖傳到各地。在這個前提下，我們就不一定要拘泥於某些魚、料理，一定是荷蘭人、鄭成功，或日本時代，或一九四五年戰後由哪些特定人士傳入。

譬如「五柳居」或海魚料理，通常有牽羹（khan-kinn，勾芡）提味或封味的手續，這是閩粵海邊鄉社的千百年傳統，強說此類料理何時由誰所傳入，而於飯席之間爭辯，難免傷腸胃。再舉一例，有些人認為「咖哩」或「沙茶」一定是日本時代或戰後才傳入，但若從我們提出的文化圈視角，廈門一直與東南亞有交流往來，台灣與廈門關係更是密切，兩種調味料在清代傳到廈門卻沒再傳來台灣，常理說不過去。

上述兩種研究基礎，即名源論與文化圈理論，構成《吃的台灣史》一書的特色，希望讀者在閱讀這本非純學術的通俗書，除了享受歷史故事的新知趣味外，也能試試我們提供的研究方法論。我們這種方法論，會讓你有學問驚奇探險之旅的體驗。例如剛剛提到的台灣與廈門關係密切，我們若又從清代廈門方志看到稅關對「醃牛肉」課稅▼1，

◆1
《廈門志》（一八三二年）：「個例一釐，牛鹿脯每百斤一錢二分，鹿脯百斤一錢五分，醃蛋千個五分，醃豬肚、舌百斤例三分（以上廈關照徵），鹿筋、鹿腿、獐腿、獐脯、鹿百斤例二錢，牛筋、馬筋、醃牛肉、牛脯百斤例一錢，火腿百斤例二錢（以上照徵）。」

應會馬上回頭問：台灣有無宰牛？文獻很清楚，台灣人自古以來真的有出口牛皮與吃牛肉的紀錄！一般觀念認為台灣人吃牛肉，是日本時代以及戰後的事，顯然是不對的。

結尾之際，我想對目前飲食文化與認同的議題講點個人看法。食飯皇帝大，但仍有不少政治文化論者很喜歡用飲食料理談政治認同，對飲食男女說三道四。像上面提到的「五柳居」，親中國派多主張是中國料理，本土派則認為是獨創，各自堅持。其實，不妨把它當作茶餘飯後談資，並多注意點料理的不斷生成以及當地人文化創造之層次。以泰國料理店為例，泰國料理多是一九七〇年代以後華裔所創造與經營，回過頭來影響泰國人的外食習慣，但名目上依然是泰國料理。日本料理也一樣，不少菜單是十九世紀以後才創造出來，日本人卻很努力闡釋和食，自成現在一套日本獨特的食物哲學。

顯然，吃的台灣史，以及台灣史中的吃，不只是學術界研究者的題目，也是我們一般讀者感官歷史的一部分。在感官嗅覺與味覺中尋找自己的飲食精神故鄉，真的是尋找自我存在的一條途徑。

最後，卻最重要不能不提的，我們得感謝同樣歷史學研究所出身的副總編輯瑞芳百忙中協助處理文獻並參與解決問題，本書出版才能順利，錯誤也減少到最低。

讓歷史增添食物的美味

曹銘宗

翁佳音是我的好友兼台灣史私家顧問，上一本也是第一本他與我一同掛名作者的書是《大灣大員福爾摩沙：從葡萄牙航海日誌、荷西地圖、清日文獻尋找台灣地名真相》（貓頭鷹出版，二〇一六年），頗受好評也很暢銷。

當時翁佳音的中研院台史所同仁詹素娟寫推薦短文說：「一位是才識兼具，總能在史料夾縫中見人所未見的歷史學家，另一位是嗅覺敏銳、筆趣盎然的新聞記者。」

另一位中研院台史所同仁許雪姬則寫說：「兩位作者的學識和表達，正所謂有童乩ma愛有桌頭。」

台語俚諺說：「一個乩童，一個桌頭。」一個是神明附身傳達神旨的人，一個是幫忙乩童翻譯傳話的人，台灣人常用此俚語來嘲笑兩個人一搭一唱。對於許雪姬的玩笑，翁佳音與我不但不以為意，反而覺得相當「傳神」，講出我們兩人合作無間。

我出身文化記者，我懂得採訪的三個要點：找到好的問題，問到對的專家，得到正確的答案。我與翁佳音的合作方式就是：我負責找問題，寫好所知資料，他則補充資料、解答難題，最後我再整理出來。

在我眼中，翁佳音是台灣「通」史的學者，中、日、英文史料就不說了，他可直接閱讀早年荷蘭、西班牙文獻，尤其他出身長老教會深諳台語，看得懂荷西文獻中以羅馬拼音記錄的漳泉語用詞，所以常能見人所未見。

我則善於發問，觸發他開啟「神通」找答案，我再來解譯，以簡白文字呈現給讀者。

我本是三兩天就要去菜市場的「買菜煮飯工作者」，因喜歡研究台灣歷史，所以寫了《蚵仔煎的身世：台灣食物名小考》（貓頭鷹出版，二〇一六年）、《花飛、花枝、花蠘仔：台灣海產名小考》（貓頭鷹出版，二〇一八年）兩本書，翁老師幫我的書寫序說：「國以民為本，民以食為天，食物永遠是歷史學的主題，食物傳播也是國際間的文化交流。」

飲食文化的形成，在自然方面涉及地理、氣候、物種，在人文方面涉及族群、文化、歷史。台灣本是生物多樣性與文化多樣性之島，先來後到的各種族群，帶來不同的飲食文化，形成「多元混融」的特色。

《吃的台灣史》一書的緣起，得從二〇二〇年九月我與翁佳音及我們共同好友中研院史語所林富士的聚餐說起。那天，我們三人一起出來看海，在東北角阿珠海產吃海鮮，享用麻油龍蝦、蔭冬瓜蒸石斑的美味，富士鼓勵我和翁佳音繼續合作，寫出具有歷史脈絡的台灣飲食文化。

隔天，我腦海就迸出一個書名《吃的台灣史》，我馬上跟富士說，他說很棒！可惜富士在二〇二一年六月因病辭世，未能為這本書寫序。

這本書以「台灣史」為名，希望寫出台灣飲食在台灣歷史上的源起及演變，嘗試勾勒台灣飲食文化的脈絡。全書上卷講述米、麵、糖、茶、酒、調味料、醃曬魚肉，以及食補、吃冰、吃辣的歷史，下卷則是帆船飲食、豬肝價格、魚罐頭等趣味性的專題。

台灣食用動植物的引進，一般都往前推到荷蘭時代（一六二四至六二年），清代台灣方志也常說「種出荷蘭」、「種出爪哇」、「種出咬𠺘巴」，指意謂該動植物是由荷蘭人自印尼爪哇島雅加達引進台灣。此外，清代台灣方志也可見「種出呂宋」，即指來自菲律賓呂宋島之品種。

不過，本書提出某些東南亞食物可能在荷蘭時代之前就引進台灣，以其透過兩個更早形成的文化圈引進：

漳泉潮文化圈：福建的漳州人、泉州人，廣東的潮州人，在言語上同屬閩南語系，與台灣、東南亞之間互有往來，在十六世紀已形成「漳泉潮文化圈」。以此來看，比荷蘭人更早來台灣的漳泉潮移民也可能引進東南亞食物。

南島語族文化圈：早在華人、歐洲人之前，台灣、東南亞的南島語族之間就有往來，形成「南島語族文化圈」。因此，台灣原住民也可能引進東南亞食物。

《吃的台灣史》一書發掘很多食物的歷史故事：

在帆船時代，歐洲人、華人在船上吃什麼？
台灣何時開始有麵包烘焙師？
台灣珍珠奶茶的原型是什麼？
台灣最早出口的茶是什麼茶？
台灣人何時開始吃牛肉？
紅色與黃色的番茄汁鯖魚罐頭有何不同？
青椒為什麼叫大同仔？

讓我們來探源，歷史會增添食物的美味！

吃的台灣史

台灣以獨特的地質、地形及地理位置，擁有「生物多樣性」與「文化多樣性」，成為山海物產豐富、飲食文化薈萃之島。

何謂台灣生物多樣性？台灣有各種地質（岩石、土壤）、各種地形（高山、丘陵、台地、平原、盆地、河谷、海岸、離島），因多高山而有各種氣候（熱帶、亞熱帶、溫帶、寒帶），又有各種溫度的洋流（黑潮、北方大陸沿岸流、西南季風吹送流），並因在冰河期與歐亞大陸相連，會合海洋和大陸的生態資源。台灣面積雖小，但物種相對甚多。▼1

何謂台灣文化多樣性？台灣位於歐亞大陸與太平洋交會處，從大陸來看是不遠的海島，從海洋來看是西太平洋近岸島鏈的中心，在東海和南海之間，連接東北亞與東南亞。台灣屹立世界交通要衝，自古以來就是人類族群活躍的舞台。

台灣本是南島語族原住民的部落社會，十七世紀以後逐漸成為以

◆1
台灣的生物多樣性在全世界名列前茅。台灣陸地面積僅占全球陸地面積的萬分之二點五，但已鑑定出五萬多物種，物種數量占全球的百分之二點五，這是所有國家平均值的一百倍。台灣海域海洋生物的物種數量更達全球的十分之一，這是所有國家平均值的四百倍。

華人為主的移民社會，歷經荷蘭、西班牙、鄭氏王國、清國、日本、中華民國政權統治至今，先來後到的各種族群，引進不同的飲食文化，在此傳承、匯集、融合、創新，形成「多元混融」的特色。

台灣原住民族的飲食文化

台灣的原住民族，包括二〇一四年為止獲中央政府認定的十六族，在歷史上被漢化及至今仍存在的平埔族群，都屬南島語族。

根據人類學者說法，台灣是南島語族的原鄉，從五千多年前開始陸續向全球擴散，南至大洋洲的紐西蘭，東至南美洲西岸的復活節島，西至非洲東岸的馬達加斯加島，跨越太平洋及印度洋。另有遺傳基因學者認為，南島語族源於島嶼東南亞，遷徙路線一支往北到台灣，一支往東到美拉尼西亞（Melanesia）、玻里尼西亞（Polynesia）。

南島語族各族之間的海上往來，也會有飲食文化的傳播和交流，有待更多研究。

以原產於中南美洲的番薯為例，一般都說在十五世紀末由西班牙人散布到全世界。但根據近年放射性碳定年法的研究，太平洋中南部玻里尼西亞的庫克群島（Cook Islands），在一二一〇至一四〇〇年間就有番薯。據此推測，擅長航海的南島語族可能比歐洲人更早

從中南美洲帶回番薯。▼2

歐洲人在十六世紀中前來東南亞、東亞之前，台灣、東南亞的南島語族之間就有往來，形成「南島語族文化圈」。以此來看，有些原產於南亞、東南亞的植物等，未必是十七世紀才由荷蘭人、西班牙人引進台灣。據說起源於印尼爪哇的虱目魚養殖，也未必是由荷蘭人引進台灣，何況荷蘭人在台灣的經營重點在貿易，而虱目魚無此價值。

台灣原住民早年的部落生活，以狩獵、漁撈、採集兼農作、養殖為生，傳統料理的方法是生食、醃漬、蒸煮、燻烤，保留食物的自然風味。

台灣原住民有獨特的高山、海洋飲食文化，並有小米文化、野菜文化。近年來，台灣原住民傳統的台灣原生種的「山地陸稻」、「紅藜」（台灣藜）糧食作物，以及各種香藥草保健植物，也都受到重視。

荷西時代引進的飲食文化

十七世紀上半葉，荷蘭人、西班牙人在台灣期間（一六二四至六二年），荷蘭人、西班牙人及東南亞華人引進很多歐洲、美洲、南亞、東南

◆2
見Wikipedia（English）之Sweet potato詞條。Polynesia指夏威夷、紐西蘭、復活節島三個端點之間的區域。

亞的食用植物。

根據清代台灣文獻記載，包括原產歐洲的豌豆、高麗菜，原產美洲的玉米、番薯、花生、番茄、辣椒、釋迦、番石榴，原產南亞的芒果、羅勒（九層塔）、波羅蜜，原產東南亞的蓮霧等。

荷蘭人殖民南台灣，發展甘蔗、水稻作物，產製糖、米外銷，這是台灣最早的農業經濟。當時，荷蘭人從福建招攬華人渡海來南台灣耕作，並從澎湖與漳州引進耕牛（黃牛和水牛）。

荷蘭人與西班牙在台灣的時間不長，似乎並未留下歐洲的飲食文化，但因基督教及天主教在紀念耶穌的儀式上會吃麵包、喝葡萄酒，所以台灣已開始製作麵包。荷蘭文獻記載，當年在台南還僱用華人擔任麵包烘焙師。

閩粵移民引進的飲食文化

在荷蘭人、西班牙人之前，台灣已有一些零星的閩粵移民。荷蘭人招攬大批福建人來台耕作，加上明鄭兩萬軍隊渡台屯墾，台灣開始形成以閩粵移民為主的華人社會。

福建的漳州人、泉州人，廣東的潮州人，在言語上同屬閩南語系，在台灣與東南亞之間互有往來，形成「漳泉潮文化圈」。就早年帆船航線而言，菲律賓呂宋島與福建之間的往來，南台灣的恆春、高雄、台南是中途站。如果必須直航福建省城福州，基隆也是中途站。以此來看，台灣的漳泉潮移民也會引進東南亞的飲食文化。

在台灣，閩粵移民從中國原鄉帶來與宗教、節慶、習俗相關的飲食文化，例如：宗教的供品形成糕餅文化、素食文化，宮廟與市場的周邊形成小吃文化，美食的分享與人情的共餐形成辦桌文化。

台灣閩粵移民在飲食上重視節約與惜福，不但珍惜食材，而且物盡其用，進而發展特色料理。

台灣早年有漳州菜、泉州菜、潮州菜，尤其福建省會的福州菜更是中國八大菜系之一「閩菜」的主流。另外，客家菜也極具特色，尤其是米食及醃菜文化。

日本時代引進的飲食文化

日本統治台灣五十年（一八九五至一九四五年），除了引進「和食」（日本飲食）、「洋食」（西洋飲食），還引進、改良很多農作物、家畜及水產的品種，豐富了台灣的飲食文化。

台灣在清末一八五八年開港後，已經有西洋飲食，但在日本時代引進西方近現代文明，牛奶、咖啡、紅茶、西點、西餐、冰淇淋等在台灣成為時髦的西洋飲食。

日本時代，在日本人眼中，相對於日本的「日本料理」，台灣也有自己的料理，為了區分，「台灣料理」一詞因此誕生。▼3

日本時代的台灣料理，最早以閩菜為主流，到了一九二〇年代，「酒家菜」高級宴客料理興起，已經融入日本料理的台灣料理，又再引進粵菜、川菜，甚至有江浙菜、北京菜。

戰後引進的飲食文化

戰後，中華民國統治台灣，大量中國各省移民來台，帶來各省的飲食文化，中國的十大菜系：川菜、湘菜、粵菜、閩菜、蘇菜、浙菜、徽菜、魯菜、楚菜（鄂菜）、京菜，滙集寶島，並在此改良、創新。▼4

中國的麵食文化也在台灣開始流行，後來與台灣傳統的米食文化分庭抗禮。

◆3

當時日本人為了區分「日本語」，也稱當時台灣最通行的漳泉語為「台灣語」，這是「台語」一詞的由來。

◆4

台灣在戰後大約有六百萬人口，但從一九四五至一九五〇年間，約有一百五十萬的中國軍民遷到台灣，占了台灣人口近四分之一，對台灣經濟、社會造成結構性的衝擊。

此外，戰後美國依援華法案設立的「農復會」（行政院農發會、農委會前身），在一九五〇至一九六〇年代提供資金、人才和技術協助台灣農業發展，包括農作物、家畜的品種改良等，奠定了台灣農業繁榮的基礎。▼5

美國為了協防台灣，不但派美軍顧問團進駐（一九五一至七九年），美國的飲食文化、速食文化跟著進入台灣。

一九七〇年代以後，隨著台灣經濟快速成長，民生開始富裕，並開放國人出國觀光，世界各國美食紛紛引進台灣，異國餐廳也愈來愈多。

一九九〇年代以後，台灣的新移民（外籍配偶）大量增加，又引進越南、泰國料理，並逐漸普及至今。

戰後至今，台灣農業技術不斷進步，持續引進、改良品種，發展精緻農業。

◆5
美國在韓戰爆發後，開始加強對台灣的經濟、技術、軍事等援助，除了提供大量貸款，幫助台灣抑制惡性通貨膨脹、解決缺乏外匯的困境之外，還協助台灣的電力、交通、水庫等基礎建設，以及農林漁業、中小企業等產業發展，對台灣財政穩定和經濟發展有很大貢獻。

台灣新飲食文化的發展

台灣飲食文化底蘊深厚，台灣美食小吃甚至成為最有吸引力的觀光資源。

台灣小吃：台灣小吃是台灣多元族群飲食文化的展現和資產。台灣小吃以數以萬計的小攤小店，散布在各地的夜市、廟口、路邊攤、菜市場、百貨公司美食街，還能登上餐廳、五星級酒店，甚至成為國宴。

台灣多樣又便宜的日常性小吃，只要花小錢就可享受物超所值的美味，在已開發國家中獨樹一格。台灣創造的泡沫紅茶、珍珠奶茶，更已風行全球。

台灣菜：台灣餐飲界充滿活力，也在追求更精緻而有特色的台灣料理。

此外，台灣飲食文化也融入永續農業、生態保育、食物里程、環保蔬食等新觀念。

吃什麼的台灣史

上卷

米。

台灣氣候溫暖、潮濕，非常適合稻作。米在台灣是傳統的主食，所以台語俚諺說：「一樣米飼百樣人」，罵人：「食米毋知米價」，安慰自己：「時到時擔當，無米才煮番薯湯」。

「飯」的本義指煮熟的穀類，華語說小米飯、白米飯、糯米飯、高粱飯等。但台語講「飯」就是指煮熟的米，最傳神的一句話是：「食飯皇帝大」，形容吃飯最重要，不能被打擾、中斷。

人類種稻、食米的歷史淵遠流長，考古發現在八千至一萬年前就有稻的栽培，不過當前世界糧食作物總產量的排名是玉米、稻、小麥、大麥。

台灣的旱稻與水稻

稻的分類，依生長所需水分可分成水稻、旱稻（又稱陸稻）。水稻一年收成次數與氣候有關，在溫帶收成一次，在亞熱帶、熱帶可收成二至三次。旱稻抗旱性強，可種在缺水灌溉的陸地或山地，一般一年只能收成一次。

台灣原住民早年的主食，即至今很多山地部落還有種植的「小米」，其實並不是稻，而是粟，但台灣自古就有旱稻。

根據考古研究，屏東恆春「墾丁遺址」發現稻殼印紋陶片，台南新市「南科遺址」也挖到稻米化石，證明至少在新石器時代中期（距今四千至五千年前）台灣史前原住民種植旱稻。目前，台灣有少數原住民部落仍存有旱稻。

台灣的水稻，一般認為是福建人在十七世紀前後從原鄉引進，但不排除原住民可能更早從同屬「南島文化圈」的東南亞引進。在《熱蘭遮城日記》第二冊中，即有台北松山里族「稻園」（荷蘭文 rijsvelden，英文 ricefields）的紀錄。

根據西班牙文獻記載，西班牙人統治北台灣時期（一六二六至四二年），除了向台灣島外籌措米糧外，也曾向淡水原住民馬賽人、宜蘭原住民噶瑪蘭人購買稻米，還曾因故被噶瑪蘭人襲殺，西班牙人雖然想要報復，無奈軍力不足，無法展開行動。[1]

荷蘭文獻也記載，荷蘭人在驅逐西班牙人駐守雞籠（今基隆）後，曾專程前往宜蘭向噶瑪蘭人買米，並說當地有儲水灌溉稻田。

在荷蘭、明鄭時期，閩粵移民開始大批前來台灣，逐漸形成華人社會，引進稻種、耕種技術及灌溉系統，台灣開始以產稻著稱。

荷蘭人殖民台灣時期（一六二四至六二年），台灣本來自給自足的初級農耕漁獵，開

◆1
參見J. E. Borao《Spaniards in Taiwan: 1582-1641》。

始發展以糖、米為主、單一作物的農業經濟。當時，為了大量種植甘蔗、稻米以供外銷，荷蘭人從福建招攬華人渡海來南台灣耕作，並從澎湖引進耕牛。

台灣本來沒有牛，原住民的語言本身也無專指牛的名詞。噶瑪蘭語有稱牛為 qabaw 或 vakka，但其語源可確認來自西班牙語 caballo（馬）與 vaca（牛）。

台灣牛有荷蘭人從印尼引進一說。然而，如果以當年的帆船從印尼越洋運牛，似乎不是好方法，其實澎湖在南宋就納入中國版圖，早有華人定居澎湖耕作，而且也有養牛的紀錄。在荷蘭人的《熱蘭遮城

十九世紀末，在台灣叢林中的探險隊遭野化的水牛群追趕。(一八九〇年三月八日《倫敦畫報》)

日誌》中，常看到由澎湖輸入牛隻，但沒有由印尼或印度輸入牛隻的紀錄。

後來，荷蘭人也在台南養牛，採放牧方式，這些牛後來四散各地。清康熙首任巡臺御史黃叔璥在《臺海使槎錄》（一七二二至二四年）記載：「台灣多野牛，千百為群」，可圍捕、馴養，與家牛無異。

清代，台灣的閩粵移民大舉來台，四處侵入原住民的土地開墾，生產大量稻米，還可以銷到「內地」（中國大陸）。福建的漳州、泉州，一向仰賴台灣稻米接濟。

台灣稻種多樣性

稻的分類，如果以稻穀所含澱粉成分的黏性來區分，則可分成三大類：

秈稻：種植於亞熱帶、熱帶地區，黏性低，米粒細長，口感硬而鬆散。

粳稻：種植於溫帶、寒帶地區，黏性較高，米粒圓短，口感軟硬適中。

糯稻：在秈稻、粳稻中都有糯稻變種，黏性最高，依米粒可分細長的秈糯、圓短的粳糯，口感軟而濕黏。

秈稻

粳稻

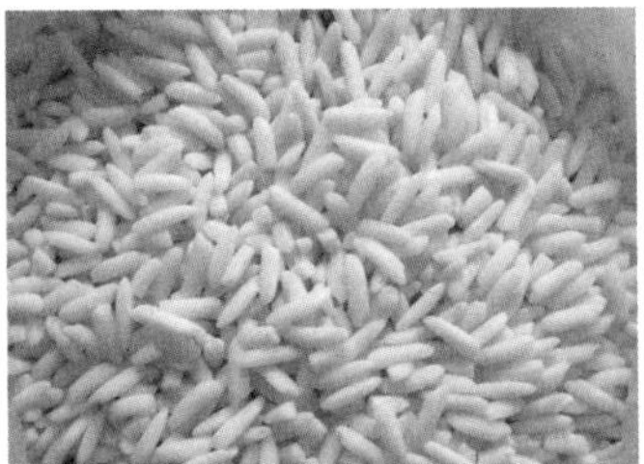
糯稻

台灣在清代還只有秈稻和糯稻，與中國南部、東南亞、南亞一樣，但在日本時代因緣際會又引進了粳稻。

日本向來種植溫帶粳稻，一年一穫。當時日本人看上台灣氣候適合種植水稻，有助解決日本糧食不足，但日本人長期食用日本較軟的粳米，吃不慣台灣較硬的秈米。因此，台灣總督府農業試驗所就找來日本稻作育種專家磯永吉，引進日本粳稻在台灣試種、改良，經過幾年努力，終於培育了新品種，一年可收成二至三次。

一九二六年，台灣總督府為台灣新品種粳米命名，以日本人舊稱台灣「蓬萊仙島」，就稱這種米為「蓬萊米」（ほうらいまい，hōraimai），從台灣回銷日本。

「蓬萊米」育種的成功，後來被稱為「蓬萊米之父」的磯永吉居功厥偉。另一方面，台灣以介於亞熱帶、熱帶的緯度，也被認為是北半球可以種植溫帶粳稻最南端的地區了。

二〇一九年，台灣中研院植物暨微生物學研究所特聘研究員邢禹依的團隊，研究台灣原生「山地陸稻」（陸稻即旱稻）的基因，解開了百年前日本粳稻在台灣育種成功之謎。原來，當時台灣原生「山地陸稻」的花粉飛到了新育種的粳稻上，產生了雜交，才能夠擁有適應台灣環境的能力。▼2

早年台灣民間對米的稱呼，本來只有「米」（即秈米）、「秫米」（台語音 tsu̍t-bí，即糯米），在出現「蓬萊米」（台語音 hông-lâi-bí）之後，為了區分，就稱本來的「米」為「在

來米」（台語音 tsāi-lâi-bí）。▼3

此後，台灣種植粳稻逐漸多於秈稻，台灣人日常吃的白米飯，也逐漸從秈米變成了「蓬萊米」。台灣在日本時代開始生產著名的「紅標米酒」，也是使用「蓬萊米」製造。

台灣的秈米雖然很少再用來煮白米飯，但秈米本來比較適合做米麩（台語音 bí-hu，將米穀炒熟後磨粉）、米粉、米篩目、粿仔（粄條）、油粿、碗粿、菜頭粿（蘿蔔糕）等，所以仍然受到歡迎。

戰後，移民台灣的外省人大都覺得蓬萊米飯比較好吃，但也有一些人懷念原鄉的秈米飯。台北市仁愛路三段「忠南飯館」老店，以外省菜著稱，一直提供蓬萊米、在來米兩種米飯，並在電鍋上貼了標示。

台灣擁有世界三大類稻種：秈稻、粳稻、糯稻，豐富了米食文化的多樣性。

◆2
根據中研院科普媒體「研之有物」對邢禹依水稻基因體研究的報導（2019-12-03），將近一百年前，台中州農事試驗場的試驗田裡進行日本溫帶粳稻「龜治」和「神力」的雜交育種，附近的田剛好種植山地陸稻，其花粉湊巧飛到育種中的新品種台中65號上，發生了雜交，使此一品種不再受日照長短擺布，可以一年兩穫。

◆3
日文漢字「在來」（ざいらい，zairai）有向來、一直以來的意思，例如日本鐵路的「在來線」，就是指「新幹線」之前本來就有的鐵路，兩者軌距不同。因此，台灣的「在來米」就是指在「蓬萊米」之前本來就有的米。

台灣人煮飯的方法

一九五〇年代，日本發明了家庭用的「電氣炊飯器」，即在台灣所稱的「電鍋」，改變了人類以火炊煮米飯的歷史。

一九五五年，東京芝浦電氣（今東芝）推出機械控制式的電鍋，內鍋裝米、外鍋加水，電鍋持續加熱，直到外鍋的水蒸發後才停止，此時內鍋的米也煮成飯了。這種電鍋大受歡迎，很快打入日本家庭。

一九六〇年，台灣大同公司與日本東芝技術合作，在台灣推出「大同電鍋」，贏得廣大口碑。後來，

一九五六年東芝電鍋廣告

在日本推出新式不必加水的「電子鍋」之後，「大同電鍋」依然長銷至今。

台灣在電鍋普及之前，家家戶戶都要「燃火煮飯」（台語音 hiânn-hué tsú-pn̄g）。在沒有瓦斯之前，燃料是木柴或煤炭。在十九世紀中葉歐洲「火柴」（英語 match，台語番仔火）還未普及以前，生火的工具是「火石」和「火刀」。

以火刀敲擊火石，就會產生火花，可以點火，作為點燭、炊煮等之用，早年不只家中必備，出外也隨身攜帶，盛行於東亞、東南亞。

在炊煮前，以火刀敲擊火石，產生火花在木柴屑（台語稱柴幼仔）或細碎乾葉上起火，這樣燃料

火刀與火石

大同電鍋

就有了火種。

清光緒年間的《安平縣雜記》記載台南有「琢火石司阜」，「火石均由暹邏國運來，用鐵斧琢片，以便用火刀擊之而取火。」由此可見，清代從泰國進口大塊火口，由師傅用斧頭剁（tok）成小塊出售。

早年每個家庭都有以磚塊、石塊砌成「灶」，這是用來生火烹飪的設備，以火石取火種，點燃灶內的木柴或煤炭後，再用嘴吹「火管」助燃，把灶上「大鼎」（大鍋）裡的生米煮成熟飯。因此，台語稱廚房為「灶腳」（tsàu-kha）。

「灶」成為計算家庭的單位，「一口灶」指一戶人家，「三口灶」指三戶人家。台語說「仝一口灶」（仝音 kāng，相同之意），即用來形容大家同是一家人。

古早廚房有些是雙口灶，有兩個大鍋，可以一鍋煮飯，另一鍋炒菜，兩鍋交互運用，最後還可以用剩餘的柴火燒熱水洗澡。

早年在大灶煮大鍋飯，首先是洗米，台語稱洗米水為「潘」（phun），呈乳白色，可用來清潔或飼養家畜。

大鍋裡放入洗好的米，然後加水，煮一段時間要以勺子攪拌，並把多餘的米湯舀起，等水被米吸收後，就不再攪拌，蓋鍋讓米燜熟。這種煮法會在鍋底產生「飯疕」（pn̄g-phí），華語稱之「鍋巴」，指煮米飯時黏在鍋底一層微焦的飯，成為帶有焦香味的零食。

舀起的米湯，台語稱之「泔」（ám），可以食用，也可以「漿泔」，就是漿洗，衣服洗淨後浸入米湯，晒乾後會硬挺。

台灣好米新形象

台灣雖然盛產稻米，米飯是主要糧食，但並不是每人每餐都能吃白米飯，白米飯是窮苦人家的奢侈品。二次世界大戰末期，台灣因被日本捲入戰爭而開始缺糧。戰後，國民黨政府接收台灣，隨後因國共內戰把台灣稻米大量運往中國大陸，造成台灣嚴重缺糧。

早年台灣人在缺米時，煮飯會加入比米多的「番薯簽」（把番薯刨成條狀），稱之「番薯簽飯」，或者煮成「番薯糜」（地瓜稀飯）。今天，則成為懷舊的古早味。

台灣以米食為主的傳統，雖然歷經日本時代引進西方文明、帶來西式麵食，但並未受到影響。戰後，隨國民黨政府遷來台灣的大量外省族群，其中有很多麵食人口，加上當時國際米價比麵粉貴，政府為了外銷米賺外匯而推行「麵粉代米」政策，造成米食消費減少，台灣逐漸變成「米麵共食」。

另一方面，與其他國家相比，台灣因稻作的成本愈來愈高，在國際上逐漸失去大口出口稻米的競爭力。台灣稻米在內需和外銷都衰退後，產量也就減少，政府甚至要鼓勵民眾多吃台灣米及米製品。

自一九八〇年代以來，台灣稻作另闢蹊徑，改走培育優良稻種、提升稻米品質、發展有機栽培的路線，同時加強食農食米教育，復興優良傳統米食，創新美味健康米食，推廣米食文創產品，賦予台灣好米的嶄新形象。

麵。

台灣是南方之島，本來以米食為主，後來也發展麵食，至今台灣人米、麵的食用量已經不相上下。

台灣自古以產稻著稱，擁有豐富的米食文化，所需的小麥、麵粉仰賴進口，讓人忽略了其實台灣也有產麥。

小麥本是溫帶作物，性喜低溫環境，但也有耐熱品種，所以在北緯十八至五十度都能生長。相對於小麥，大麥對環境的適應力更廣。台灣位於北緯二十二至二十五度，所以也能生產小麥、大麥。

一九六三年政府以宣傳照鼓勵國人改吃麵條

荷蘭時代就有種麥

根據十七世紀《巴達維亞城日誌》，荷蘭人統治台灣期間（一六二四至六二年），最晚自一六四三年起在今恆春種植大麥（Gerst），一六四四年起在今台南種植小麥（Tarwe），之前似乎都仰賴進口。

由於小麥產量有限，荷蘭人在一六四八年公布法令，不得使用小麥製酒，但允許用大麥製酒。

根據清代《臺海使槎錄》（一七二二至二四年）：「麥有大麥、小麥，而小麥最佳」。《鳳山縣志》（一七二二年）也記載：「大麥立冬種，清明熟，三、四月之間，青黃未接，賴此以當穀」，「小麥種於深冬，成於初夏，磨粉成麵，為用甚巨」。

當時也種蕎麥，「秋種而冬熟，亦可磨粉，斂汗用之」，「斂汗」指中藥收斂體虛多汗的療法。

總之，自十七世紀以來，台灣一直生產少量的小麥、大麥。

荷蘭時代，文獻記載在南台灣種植小麥、大麥。清代，台灣各地都有大量閩粵移民，推想只要土地、氣候合適都會種植麥類，今雲林還有「麥寮」地名，據傳與小麥、大麥的種植和交易有關。

日本時代，台灣總督府在台中至台南的沿海平原推廣小麥種植。戰後，台灣小麥種植主要集中在台中大雅，自二〇〇四年起每年三月小麥成熟時舉行「大雅小麥文化節」。

麵粉、麵食及麵鋪

小麥比稻米硬，直接食用口感不佳，所以大都磨成麵粉，以製作各種麵食。早年，以牛力拉動石磨把小麥磨成麵粉的場所，稱之「牛磨」（台語音 gû-bō），經營「牛磨店」的人必須納稅。

麵粉常見做成麵條、麵線。清《澎湖紀略》記載，主人生辰有登門祝壽致賀者，留食「壽麵」。

麵粉可做成糕餅、包子、饅頭等，例如拜神用的「麵龜」，祝壽用的「紅桃」（壽桃）。當年的饅頭（或稱饅頭粿）用來祭拜死者，例如在父母百日「做忌」時所用。

此外，麵粉也可做「麵炙」（台語音 mī-tsià，即麵筋），加砂糖、豬油可炒成「麵茶」，加鹽發酵做成調味料「麵醬」（甜麵醬）。

《臺日大辭典》中的牛磨圖

台灣早年的仙草凍是加麵粉做的。清初《臺灣府志》（一六八五年）記載：「仙草搗爛絞汁和麵粉煮之，雖三伏亦成凍，和蜜水飲之，能解暑毒。」[1]

當時的街市有「麵舖」、「麵餅舖」，店鋪有專業的「餅店司阜（師傅）」、「包仔店司阜（師傅）」。

台灣的原住民及早年的閩粵移民，都是以小米（粟）、米為主食，麵食只是一日三頓飯之間所吃的「點心」（台語音tiám-sim），例如糕餅等小吃。[2]

在台灣，直到今天，雖然多數人吃米飯或吃麵都可當做一餐，但還有人說，如果只吃麵而沒吃米飯，會有沒吃飽的感覺。

◆1
中國有「熱在三伏」的說法，「三伏」指夏季的初伏、中伏、末伏，指一年中最炎熱的三十至四十天。

◆2
日本時代文人連横在《台灣語典》（一九三三年）一書的附錄〈雅言〉第一八八小節說：「臺南點心之多，屈指難數，市上有所謂擔麵者，全臺人士靡之知之。麵與平常同，食時以熱湯芼之，下置鮮蔬，和以肉俎、蝦汁，糝以烏醋、胡椒，熱氣上騰，香聞鼻觀。初更後，始挑擔出賣，宿於街頭，各有定處，呼之不去，恐失信於顧客也。」
此文講述台南著名的夜間小吃「擔仔麵」，顧名思義就是挑擔子賣的麵，古早時使用小碗，一小碗的湯麵，符合台灣人對「點心」的定義。

◆3
在歐洲，麵包的葡萄牙文pão、西班牙文pan、法文pain、義大利文pane等，發音都相近。

台灣何時有西式麵包？

西式的烘焙麵包何時引進台灣？很多人會說日本時代（一八九五至一九四五年），因為麵包在台語一般都稱為「**pháng**」（注音ㄆㄤˋ），源自日語「パン」（pan）。

日本人確實把「パン」一詞帶來台灣，並融入當時相對於官方日本語的民間主流語言「台灣話」。不過，麵包並不是日本人的發明。日語パン音譯自外來的葡萄牙語**pão**。

歐洲十五至十七世紀的大航海時代，葡萄牙人在十六世紀中最早抵達日本時，已傳入麵包等西洋食物。▼3

很多人以為「麵包」一詞是華語，其實閩南語也有此一用詞，清代的《廈英大辭典》（一八七三年）就收錄了「麵包」一詞。▼4

台語的「pháng」，現在已有了中文造字。二〇一〇年，台灣麵包師吳寶春在法國巴黎路易樂斯福世界盃麵包大賽（Coupe du Monde de la Boulangerie）榮獲冠軍，並在高雄開設第一家「吳寶春麥方店」，這是麵包的台語（日語、法語等）首次被正式寫成新造的中文字「麥方」。

二〇一三年，導演林正盛把吳寶春成長和奮鬥的故事搬上銀幕，電影片名取作「世界第一麥方」。

台灣教育部《臺灣閩南語常用詞辭典》則把台語pháng寫成「麭」字，但使用並不普遍。

◆4

清末由蘇格蘭長老教會牧師杜嘉德（Carstairs Douglas）所編的《廈英大辭典》（一八七三年），閩南語廈門話bīn-pau（麵包），對應英文bread；閩南語廈門話pau（包），對應英文a sort of round soft cake。

另一位蘇格蘭長老教會牧師甘為霖（William Campbell）所編的《廈門音新字典》（一九一三年），「麵」字的發音有bīn或 mī，指bīn-pau就是mī-pau，以麵粉發酵所做的「麵包」。

日本時代的《臺日大辭典》（一九三二年），也收錄「麵包」（mī-pau）、「菓子麵包」，並有「烘麵包」的用詞。

日本人善於改良外國食物，久而久之就成為日本傳統。在明治時代，日本人把傳統的甜點「菓子」，融入西方的「麵包」，創造了「菓子麵包」，例如著名的紅豆麵包。

在日本時代，台灣主要有兩種麵包，一是「食パン」（shokupan）指西式吐司麵包；一是「菓子パン」（kashipan），指日式甜麵包。

油炸麵包

此外，日本的油炸麵包「揚げパン」（age-pan）也引進台灣。這種一般做成橢圓形的麵包，以高筋麵粉加上鹽、糖、雞蛋、奶油、酵母等揉成麵糰，經發酵、膨脹後，再包裹麵包粉油炸，把麵包炸得外酥內軟（一般是咖哩內餡），看來就是今天台灣「基隆廟口營養三明治」的原型。

以此來看，台灣在清代就有做麵包，只是不普遍。事實上，台灣做麵包的歷史，可以再往前推到十七世紀上半葉的荷蘭、西班牙時代。

根據荷蘭《熱蘭遮城日誌》，當時荷蘭人日常會吃 Tarwebrood（英語 Wheat bread），也就是小麥做的麵包。荷蘭人及華人、原住民基督教徒在做禮拜紀念主耶穌時，也會吃麵包、喝葡萄酒。

當時荷蘭人還僱用華人擔任 Broodbakker（英語 Bread baker），即麵包烘焙師。荷蘭人並以法律規定麵包的用糖和重量，以及能否摻雜米等，曾在當年的「寬街」（今台南安平效忠街）張貼雙語告示。「寬街」的荷蘭文街名為 Breedstraat，英文稱之 Broadway（百老匯）。

根據荷蘭時代台南西拉雅語的聖經《馬太福音》，有關「五餅二魚」神蹟故事中的餅或麵包，西拉雅語稱之 Paoul，聽起來很像閩南語的「包仔」（pau-á），可見當時西拉雅語吸收了閩南語的詞彙。此外，西拉雅語稱麵包烘焙師為 Soihu，聽起來也很像閩南語的「司阜」（師傅，sai-hū）。

總之，台灣閩粵移民帶來的原鄉麵食，以及荷西、日本殖民時期引進的西式麵包，從十七世紀以來一直存在以米為主要糧食的台灣飲食文化之中。

台灣麵食文化的拓展

台灣麵食文化的蓬勃發展，則是發生在二次大戰之後，由於大量中國各省移民遷來台灣，其中有很多來自以麵食為主的省分，帶來各式各樣的麵食。

當時，還有兩個時代因素的助力：

第一、美國在戰後為了推銷國內產量過剩的小麥，除了鼓勵其他國家進口美國小麥，還提供發展麵粉工業的資金、設備、技術，並且建構了麵食的營養學。台灣接受「美援」期間（一九五一至六五年），在各種民生物資中就有麵粉。當時很多基督教、天主教在傳教活動中發放免費的麵粉，因此在民間被戲稱為「麵粉教」。

美援通用標誌

第二、台灣產米，米一直是外銷主力，但戰後物資缺乏、外匯不足，政府希望多外銷米來賺取外匯，所以自一九五四年大力推行「麵粉代米」政策，發展麵粉工業，鼓勵民眾多吃麵食代替米食。

在此因緣際會下，台灣發展了豐富的麵食文化，至今未歇。

台灣人開始吃燒餅、油條、餛飩、水餃、小籠包、大饅頭、蔥油餅、韭菜盒子等麵食，並早已成為日常食物。台灣以小籠包著稱的餐廳「鼎泰豐」，不但成為台灣餐飲品牌的代表，還開拓了國際市場，一九九三年獲得美國《紐約時報》評選為世界十大餐廳之一。

台灣傳統的麵條，本來只有擔仔麵、切仔麵（摵仔麵）等油麵（熟麵），以及先油炸定型的意麵。戰後，台灣的麵條增加了來自中國的陽春麵、廣東麵、餛飩麵、麻醬麵、炸醬麵、大滷麵、榨菜肉絲麵等「外省麵」（生麵），甚至創造了川味紅燒牛肉麵。

政府大力宣傳麵食，圖為 1962 年農復會照片，標題即為「多吃營養的麵食」

此外，義大利麵、日本拉麵等外國麵食，在台灣也很受歡迎。

近年來，台灣因麵食消費增加，需要大量麵粉，而九成以上的麵粉來自進口小麥再磨成麵粉。台灣的麵食與米食並駕齊驅，豐富了台灣的飲食文化。

麵包的台語首度被造出新字

調。味。料。

台灣本是物產豐富之島，各種山海食材，搭配不同年代、族群引進的各種調味料，煮出多樣化的台灣菜。

「調味料」指調理食物味道的物料，例如鹽、糖、醋、醬油等，用台語來說其功效包括：「鹹汫」（kiâm-tsiánn，鹹淡）、「芡芳」（khiàn-phang，爆香）、「壓味」（ah-bī，去腥）等，以增加食物的美味或風味。

台灣是海島，雖然鹽業一直專賣，直到二〇〇二年才廢除，但鹽相對容易取得。台灣氣候適合甘蔗生長，可能早年原住民已種植甘蔗，自荷蘭時代就發展了製糖產業，所以也不缺乏糖。台灣不缺鹽、糖，已擁有基本的調味料。

台灣原住民的調味料

台灣原住民常用的調味料，最著名的是刺蔥、馬告。

刺蔥（Zanthoxylum ailanthoides）

芸香科花椒屬落葉喬木，生長於中低海拔山區。在華人是藥食兼用的「食茱萸」，因其枝密布尖刺，又有辛香氣味，台語稱之「刺蔥」（chhì-chhang），俗稱「鳥不踏」（tsiáu- m̄-táh）。

刺蔥主要食用葉子，具有花椒、檸檬、香茅混合的香氣，與魚、肉、豆類煮可以去腥、增加風味。

自古以來，台灣平埔和山地原住民就懂得用刺蔥調味。現在多數的原住民語，以及平埔族群的巴宰語、西拉雅語，都稱刺蔥為Tana。▼1

今天，南投的刺蔥油、刺蔥醬、刺蔥酒、刺蔥餅、刺蔥蛋糕等已成為地方特產。

食茱萸

◆1
根據行政院原住民族委員會《原住民族語言線上詞典》，布農語、泰雅語、賽夏語、阿美語、拉阿魯哇語、卡那卡那富語、卑南語、排灣語等，都稱刺蔥為Tana（或接近的音），其他邵語Tatanaq、賽德克語Sangas、太魯閣語Bungug。
上述各族原住民語對刺蔥的例句：「煮菜都會添加刺蔥」、「刺蔥煎蛋很好吃」、「魚湯加刺蔥很好吃」、「刺蔥和芋頭梗一起煮很好吃」、「刺蔥不論和什麼食物一起煮都很好吃」。

馬告（Litsea cubeba）

樟科木薑子屬落葉喬木，主要生長於中低海拔山區，高海拔也能生長，華人以其果實為調味料，以其形狀似胡椒稱之「山胡椒」，台灣原住民泰雅族則稱這種植物為「馬告」（泰雅語 Maqaw）。▼2

連橫《臺灣通史》〈木之屬〉：「山胡椒，實小而香，北番取以為鹽。」此「山胡椒」即泰雅族所說的「馬告」。

雪山山脈的棲蘭山區，以神木（檜木）群著稱，這裡是台灣原住民泰雅族的傳統領域，泰雅族以該區有很多山胡椒而稱之「馬告」，這是「馬告檜木國家公園」之名由來。因此，「馬告」以原住民語成為台灣華語的食物名，在台灣大都稱山胡椒為「馬告」。

馬告的果實曬乾後呈黑色，具有薑、香茅的香氣，泰雅族人將馬告壓碎，可泡水飲用或煮成肉湯。對泰雅族而言，馬告除了有調味、健胃、壯陽等功能，也寓意生機盎然、子孫繁衍。

馬告

◆2
台灣其他族原住民也食用馬告，但名稱有些差異，例如賽夏語mae'aew、鄒語ma'fʉ等。

今天，「馬告雞湯」、「馬告香腸」、「馬告烤雞」、「馬告烤鴨」、「馬告蒸魚」等已成為原住民風味料理。

閩粵移民帶來的調味料

台灣早年的閩粵移民就已帶來很多中華料理常見的調味料，包括醋、醬油、花椒、胡椒等。

胡椒原產於南印度，在唐代就已傳到中國，中國本來有花椒，這是胡椒之名由來。南印度的胡椒在十六世紀也在印尼、馬來西亞種植，所以台灣的胡椒也可能直接來自東南亞。▼3

台灣早年的歷史，往來的對象並不只是中國，還包括東北亞的琉球、日本，以及東南亞地區。自十六世紀以來，台灣主要有兩大共同文化圈，一是原住民的「南島語族文化圈」，一是以閩南語系為首的「漳泉潮文化圈」。在此背景之下，原產於南亞的咖哩、東南亞的沙茶，自然會在文化圈中流傳。咖哩、沙茶在十九世紀中葉已流行福建漳泉及廣東潮汕一帶，台灣也受影響，但

◆3

辣椒、胡椒、花椒雖然名字都有椒，但辣椒（茄目）、胡椒（胡椒目）、花椒（無患子目）其實是不同的植物。花椒原產於中國，而胡椒原產於南印度、東南亞，很早就傳到中國。辣椒則原產中美洲，先由西班牙人帶回歐洲，十六世紀開始傳到東南亞，十七世紀以後才傳到中國、日本。

咖哩在日本時代、沙茶在戰後更加流行。

醬油（台語稱豆油）是以大豆加鹽及水經發酵製成，可能在中國唐代開始釀造，後來傳到日、韓，成為東亞地區的特色調味料，在中華料理更是不可或缺。

醬油可說是以大豆為原料做成的「豆味濃鹽水」，從這類調味料的性質來看，其實還有比醬油更早的製品，那就是以更容易取得的魚類為原料，所做成的另一種「魚味濃鹽水」。

鮭汁與魚露

根據美國語言學家任韶堂（Dan Jurafsky）的研究：在西元五世紀之前，中國南方沿海居民就會醃魚來保存食物，他們在瓶罐裡放入生魚、熟飯和鹽，蓋上竹葉，任其發酵，所做出來的醃魚食物，以福建的語言音譯稱之 Ke-Tchup，Ke 是醃魚，Tchup 則是醬汁。到了十七世紀，從歐洲航海前來東亞的英國、荷蘭水手和商人，把這種叫 Ke-Tchup 的中國醃魚及醬汁帶回家鄉，後來成為番茄醬之名 Ketchup 的由來。▼4

◆4

Ketchup本來指餐桌上的醬料，後來大都指番茄醬。有關Ketchup的語源，荷蘭語權威字典《Van Dale》（Van Dale’s Great Dictionary of the Dutch Language）也是同樣的說法。

在印尼和馬來西亞，對包括大豆醬油在內的各種調味醬汁，都稱之kecap（c發ch的音)，語源就是當地的福建話Ke-Tchup。

這種醃魚、蝦、蚵、貝類的醬汁，在台灣早年漳泉語稱「鮭汁」（kê／kuê-tsiap），可能華人和原住民都會製作。▼5

醃魚的鮭汁，則稱之「魚鹵」（台語音 hî-lō͘），看來就是「魚露」的語源。▼6

福州人使用蝦、魚做的鮭汁、魚露，福州話稱之「蝦油」（hà-iù）。

台灣早年常見以「鮭」配稀飯，其醃汁則可當佐料或煮菜，但現在已經少見了。

◆5
根據台灣清代方志記載，台灣有「魚蝦醃為鮭」的風俗和土產，Ke-Tchup的Ke就是「鮭」字。文中所説做醃魚的人，可能是華人，也可能是原住民。
台灣今天還有少數漁家在賣魚、蝦、螺、蚵仔等各種「鮭」。由於現在的「鮭」字已用來指鮭魚（Salmon），所以教育部《臺灣閩南語常用詞辭典》以同音的「膎」取代。使用「膎」字有其根據，《説文解字》指「膎」即「脯」，乾肉之意，中國古韻書説「膎」是保存食物的方法，例如「通謂儲蓄食味爲膎」、「吳人謂腌魚爲膎腼」。
在《廈英大辭典》（一八二七年），則收錄了當時廈門話的詞彙「鮭汁」（koê-chiap），英文解釋：brine of pickled fish or shell-fish，直譯就是醃魚貝類的濃鹽水。

◆6
《廈英大辭典》也收錄了「魚鹵」（hî-lō͘），英文解釋：brine from salted fish，直譯是醃魚的濃鹽水。以此來看，「魚鹵」是「鮭汁」的一種，「鮭汁」可以醃各種海產，但也大都醃魚。
「魚鹵」一詞，就是現在所説的「魚露」。「鹵」、「露」（lō͘）發音相同，但「鹵」有鹽（鹽鹵）之意，「鹽鹵」（iâm-lō͘）指受潮融化的濕鹽，所以「鹵」才是正字。
在日本時代的《臺日大辭典》（一九三二年），還收錄「鮭汁」（kôe-chiap），指「豉鮭」（醃魚）流出來的汁，但已不見「魚鹵」。

今天，為什麼越泰料理常用魚露，而中式料理卻很少見？可能中國後來以醬油取代魚露（鮭汁），而越南、泰國仍保留魚露傳統。

雖然「鮭汁」一詞在台灣已幾乎不見聽聞，但近年隨著泰越料理的流行，已常看到魚露入菜。

紅糟

閩菜的主流是福州菜，對台菜影響很大。福州菜最具代表性的調味料紅糟，很早就傳入台灣。

コエ タウ チイ 雞頭啼。一番雞。「まで。町中。
コエ タウ ハン ベエ 街頭巷尾。町の隅から路地の隅
コエ タウ バア 雞頭肉。㊀鷄の頭の肉。㊁【芡實】。
コエ タム ハン ギイ 街談巷議。（文）巷議。巷説。風
評。世間の評判。
コエ チア 改正。改正。改める。修正。訂正。
コエ チア 改成。修復する。更に手入をして直す。作
替へる。更一一次＝更にもう一度手入をして
直す。「る。
コエ チア 夾蔗。甘蔗を壓搾する。砂糖黍を器械で搾
コエ チアウ 雞鳥。【雞仔鳥】。
コエ チアプ 雞汁。鷄のソップ。
コエ チアプ 鮭汁。肴に鹽したとき出る汁。

1932 年《臺日大辭典》中記載的鮭汁

紅糟（台語音âng-tsau）是釀造紅麴酒濾去酒液後的渣滓，鮮紅色，有酒香，帶微酸，可作為增色的調味料。[7]

基隆與福州隔海不遠，自古就有船運往來。一六二六年西班牙人占領雞籠（和平島），已提及島上有華人小聚落，其位置就是後來所稱的「福州街」[8]。因此，福州移民很早就把紅糟料理帶到基隆。

北台灣主流的紅糟肉圓，就是源自福州。「糟」的華語音ㄗㄠ，所以「紅糟」被誤寫成「紅燒」，基隆的紅燒肉、紅燒鰻，其實都是紅糟醃的。此外，基隆也有加了紅糟的牛肉麵。

紅糟肉圓

紅燒鰻

◆7
紅麴與紅糟有何不同？説明如下：
麴：ㄑㄩˊ，台語khak，把白米或麥子蒸熟，加入麴種混合，使麴菌繁殖、發酵後再晒乾，稱為「麴」，即酒媒可用來釀酒。
糟：ㄗㄠ，台語同音tsau，釀酒時濾下來的渣滓。
紅麴菌：紅色的麴菌（黴菌）。
紅麴（紅麴米）：以紅麴菌做成的麴。
紅麴酒：紅麴泡水，糯米蒸熟，攪拌釀造再過濾的酒。
紅糟：過濾紅麴酒剩下的渣滓。紅糟是福州菜常用的調味料和天然增色料，可用來醃魚和肉，使其顏色變紅且散發酒香。

◆8
在1626年西班人地圖上，雖標明和平島上是番社仔「Rancheria de los Naturales」（本地人的小聚落），但島上恐怕不僅有原住民居住，據日本的耶穌會教父Giovani Rodrigues Giran於1611年寄給耶穌會本部的報告中，提到台灣此地居民敵視外人僅與中國人友好。此外，在《大臺北古地圖考釋》中亦分析到和平島上的排屋應該就是漢人聚落「福州街」。

▲1654 年《大臺北古地圖》和平島上有排屋。
◀1626 年西班人繪製基隆港地圖中和平島上亦有本地人的聚落。

日本時代引進的調味料

在日本統治台灣時期（一八九五至一九四五年），對台灣原住民及早年閩粵移民來說，日本人引進了幾種前所未見的調味料。

醬油與白醬油

早年閩粵移民從原鄉帶來釀造醬油及技術，很多家庭會自釀醬油，也有醬油店家販售醬油。

以雲林西螺為主的中南部地區，以特有黑豆（也是一種大豆）及傳統甕缸釀造而成的醬油，台語稱之「蔭油」（ìm-iû）。台語「蔭」（ìm）有遮蔽的意思，黑豆放在陶缸內長期釀造的過程就叫「蔭」。豆豉台語稱之「蔭豉仔」（ìm-sīnn-á），醬瓜台語稱之「蔭瓜仔」（ìm-kue-á）。

日本時代，西螺醬油開始創業打開名號，包括一九〇九年的丸莊醬油，一九一一年的大同醬油、一九二一年的瑞春醬油。

日本人常吃醬油，使用與中國相同的漢字「醬油」（しょうゆ，Shōyu），也會釀造醬油，並出現工業化的量產醬油。日本醬油大廠キッコーマン（Kikkoman，後稱龜甲萬）

在一九一七年創立，龜甲萬醬油風行日本、台灣等地至今。

日本人還做出與一般黑色醬油不同的「白醬油」（しろしょうゆ，shiro shōyu）。日本醬油的原料是大豆（黃豆）與小麥，大豆多於小麥；白醬油則是小麥多於大豆，比例是九：一或八：二，呈透明的琥珀色，味道也較甜，適用於湯和「鍋料理」。

日本白醬油影響台灣出現「白豆油」，宣稱是無色的醬油，可融入湯底或直接淋上，以替代鹽及味精，避免「死鹹」（sí-kiâm）。

以「鬼女神」為商標的白豆油，在戰後初期曾是台灣最大醬油品牌，銷售至一般家庭，後來沒落，但至今很多小吃攤店甚至台菜總鋪師仍在使用，成為調味的祕方。

根據「鬼女神味原液」官網，該產品是日本時代台北商人陳順天所創，當時取自日本水野博士研發的配方，主要原料是大豆、小麥、食鹽、醬液，在戰後一九四七年以日本避邪的「鬼女神」命名，開始量產上市。當時，這種新上市的無色醬油，台語俗稱「鬼仔標白豆油」。

不過，現今的「鬼女神味原液」，主要原料標示：水、大豆胺基酸液、食鹽、調味劑，價格比一般品牌醬油低很多。

味素

在人類調味料的歷史上，日本有一項重要的發明，那就是味精。

人類舌頭上的「味蕾」，所能感受到的「味覺」，在傳統上認為本來只有四種：酸、甜、鹹、苦。中國則有「五味」之說，即甜、酸、苦、辣、鹹，但其中的辣味，其實並不是只有味蕾才能感受到的味覺，而是身體所有神經感覺的部位都能感受到的痛覺。

一九〇八年，日本東京帝國大學（今東京大學）教授、化學家池田菊苗從昆布中發現「麩胺酸」的獨特美味，命名「うま味」（umami），此一名詞由「うまい」（umai，好吃）與「み」（mi，味）組成，日文漢字「旨味」。

以「昆布」（海帶）和「鰹節」（柴魚）煮成「出汁」（高湯），在日本料理是基本烹飪方法之一。

後來，「うま味」被科學家認定是第五種味覺，其日文羅馬字 Umami 變成英文，中文則稱之「鮮味」。

池田菊苗取得麩胺酸製造法專利之後，一九〇九年就製成以「味の素」（日文羅馬字 Ajinomoto）為名的調味料產品開始販售了。

當時「味の素」也在台灣販售，台語稱之「味素」（bī-sòo），或說「味素粉」（bī-sòo-hún）。至於「味精」，則是後來華語的用詞。

一九一三年，日本化學家小玉新太郎又從「鰹節」（柴魚）中發現一種鮮味物質「肌苷酸」。一九五七年，日本化學家國中明再從「椎茸」（香菇）中發現一種鮮味物質「鳥苷酸」，並指麩胺酸、肌苷酸、鳥苷酸的結合會產生鮮味的相乘效果。

1909 年的「味の素」包裝

後來，味素有很多品牌，有的會強調昆布、鰹節、椎茸結合的鮮味。此外，日本也出現結合昆布、鰹節、椎茸鮮味的日式醬油。

多年來，味精（麩胺酸鈉）被稱為有害健康，可能引起「中國餐館症候群」（Chinese restaurant syndrome）的頭痛、胸悶、臉紅、心悸等病徵。直到近年來，醫學界才指出「麩胺酸鈉」是安全的食品添加劑。

二〇一六年七月《康健雜誌》，台灣知名護理師譚敦慈在一篇〈我不爆香，但我用味精〉的文章說，如果做菜時有提鮮需求，建議使用「麩胺酸鈉」成分最單純的味精。

味噌

味噌（みそ，miso）是日本料理很重要的調味料，指以豆、米、麥、鹽、酒等原料發酵而成的食物。▼9

日本味噌類似中國豆醬，所以有源自中國之說。台灣華人也引進豆醬，在清代就有專門製造豆醬的「豆醬間」。

在日本，各地的味噌做法不同，依顏色可分成「赤味噌」、「白味噌」兩大類，一般當成調味醬料使用，常見的味噌料理則有味噌與魚合煮的「魚味噌」、與豬肉合煮的「豚味噌」等。

味噌常加海帶、豆腐、柴魚、魚貝等煮成「味噌汁」（みそしる，misoshiru），在日本是最普遍的湯食。

在台灣，「味噌湯」也很受歡迎，在非日本料理餐廳也能喝到，常是平價便當店或自助餐廳的免費附湯或便宜湯品。不過，高價海鮮餐廳也會用鮮魚、螃蟹、龍蝦來煮味噌湯。

味噌甚至在台灣本土化，融入台灣的傳統醬料，出現了「味噌辣椒醬」、「味噌醬油膏」。

◆9

「味噌」是日文漢字用詞，所以傳統中文辭典沒有收錄。在台灣，味噌的台語沿用日語miso，華語則唸成ㄨㄟ丶ㄘㄥ，而「噌」在中文是責罵的意思。

柴魚

「鰹節」（かつおぶし，katsuobushi）被認為是日本料理調味的基礎，台語稱之「柴魚」，在中國稱「鰹魚乾」、「柴魚片」。▼10

鰹魚的日文假名「かつお」（katsuo），日文漢字「鰹」。以鰹魚做成柴魚是日本的傳統食物，由於非常堅硬，所以日文以漢字「魚」＋「堅」命名「鰹」。柴魚整支未削稱之「鰹節」，削成大片的稱之「削鰹」，較碎的稱之「花鰹」。

為什麼用鰹魚做成柴魚？因為鰹魚味腥而易腐，做成柴魚不但可以保存，而且變得美味，這是日本飲食文化的智慧。

柴魚使用鰹魚腹部後方的肉，經由煮熟、燻乾、長霉、曬乾等繁複的過程製成，成為世界上最堅硬的食物，必須刨片才能食用。

柴魚的吃法，可以撒在菜上增添風味，但大都煮成高湯，「鰹節出汁」（柴魚高湯）是獨特、美味、無油的黃金高湯。柴魚與海帶一起煮成高湯，成為日本料理的基本湯底。

台灣東海岸「黑潮」洋流盛產鰹魚，台灣在日本時代引進柴魚製造技術，生產柴魚回銷日本。日本人首先在基隆設立「鰹節工場」（柴魚工廠），

◆10
廣東話所說的「柴魚」，指的是整尾的「乾魚」，即英語的Stockfish，大都是曬乾的鱈魚。日本的柴魚，廣東話則稱之「日式柴魚」。

再擴及宜蘭、花蓮、台東及綠島。一九二三年，日本官方還在基隆設立「基隆鰹節試驗工場」，進行柴魚製造的改良。

台灣在日本時代生產大量柴魚，但在二戰期間逐漸減少，一直到戰後。目前，台灣只在宜蘭、台東還有柴魚工廠。花蓮新城七星潭聚落的閒置的柴魚工廠，在二〇〇三年轉型為「七星柴魚博物館」，以台灣唯一柴魚主題的產業博物館，成為觀光景點。

基隆鰹節工廠的剖魚。1910年台灣開始製作柴魚片，全台共計十五間工廠。

在台灣，柴魚已融入在地飲食文化。台灣人吃稀飯配蜜汁芝麻柴魚酥，吃皮蛋豆腐撒蔥花、柴魚花，也會使用柴魚高湯做湯底。

台灣的「麵線糊」小吃，很多使用柴魚高湯，有別於福建傳統使用豬骨高湯，吃起來清爽甘甜。台北西門町著名的「阿宗麵線」，就是使用柴魚湯底，在日本觀光客眼中是人氣第一的台灣美食小吃。

美乃滋

美乃滋是台灣人愛吃的調味醬，常稱之沙拉醬，其實美乃滋只是各種沙拉調味醬中的一種。

美乃滋英語 Mayonnaise，源自法語，這種沙拉醬在十八世紀出現在法國的食譜書。美乃滋的原型是以植物油、蛋黃、醋（檸檬汁）完全混合並乳化而成的半固體狀沙拉醬。

美乃滋本來是昂貴食品，因手作費工，直到發明了自動攪拌機，才因便宜而風行。一九二五年，日本キユーピー（Kewpie）食品企業推出美乃滋產品，成為日本人製造美乃滋的元祖，日文音譯 Mayonnaise 稱之マヨネーズ（mayonēzu）。

台灣在日本時代引進日本的マヨネーズ，所以此一名稱被台語吸收。不過，南台灣以其顏色和酸味稱之「白醋」，今天嘉南地區著名白雪牌沙拉醬包裝袋上也寫著「白醋」。

此外，嘉義人會在中式涼麵中添加美乃滋，成為全台獨有的「白醋涼麵」。

傳統的美乃滋，顏色偏黃，稍酸而不甜。但台灣的美乃滋大都使用全蛋（蛋黃＋蛋白），甚至使用乳清蛋白，而且加了糖，顏色偏白，不酸而很甜。

台灣人除了青菜沙拉使用美乃滋之外，吃涼筍（綠竹筍）也大都沾美乃滋，甚至海鮮餐廳的明蝦、龍蝦、鮑魚也常淋美乃滋。著名的台菜「鳳梨蝦球」，最後還要加美乃滋拌勻才完成。

咖哩

咖哩源自印度南部，以多種香料做成的調味料，組合複雜而不同，主要成分有薑黃、丁香、肉桂、肉蔻、辣椒等。咖哩陸續傳到歐洲、東南亞及全世界，與各地飲食結合，產生各種風味和不同吃法的咖哩料理。

日本在明治維新時代從英國引進咖哩，即受到喜愛成為庶民美食。日本人並加入果汁，再以奶油、麵粉糊增添稠度，開創「日式咖哩」。

一般認為，台灣在日本時代由日本引進咖哩。當時，台灣也販售從日本進口的咖哩粉。

不過，《廈英大辭典》（一八七三年）已見收錄對應咖哩英語 Curry

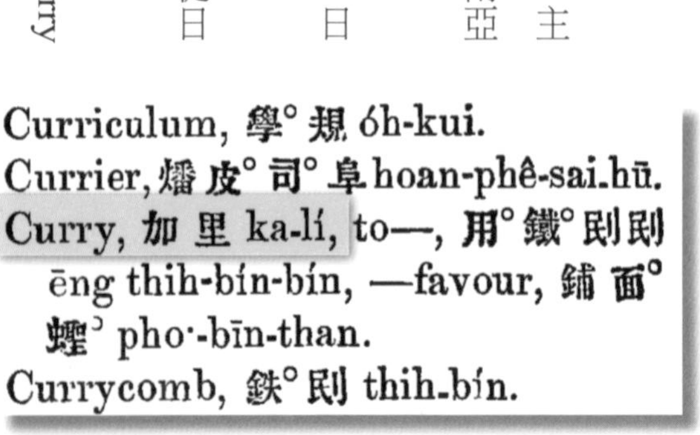
Curriculum, 學°規 óh-kui.
Currier, 燔皮°司°阜 hoan-phê-sai-hū.
Curry, 加里 ka-lí, to—, 用°鐵°刡刡 ēng thih-bín-bín, —favour, 鋪面°𧊅 pho·-bīn-than.
Currycomb, 鉄°刡 thih-bín.

《廈英大辭典》中載有咖哩英語 Curry 對應的廈門話

的廈門話 ka-lí（漢字加里），可見清代在廈門已有咖哩。台灣一向與廈門往來密切，所以推測台灣在清代已有咖哩。

日本時代初年，日本人整理「臺灣料理法」，在分類的「汁物」（濃湯）中，可見「加里雞」、「加里蝦」、「加里魚」。

《臺日大辭典》（一九三二年）也收錄一些台灣的「加里」料理，包括「加里飯」（炒飯）、「加里肉」（豬肉）、「加里水雞」（青蛙）等，加入蔥、筍、松茸、馬鈴薯等蔬菜共煮。

以此來看，台灣本來已有咖哩，但在日本時代更加流行。

基隆在日本時代是台灣與日本的「玄關」，當時基隆人口有四分之一是日本人，或許這是基隆美食使用較多咖哩的原因。基隆很多攤店賣炒飯、炒麵都有添加咖哩的選擇，而且還有咖哩湯麵。基隆的糕餅也有添加咖哩的口味，潤餅包的高麗菜要先以咖哩炒過。基隆廟口著名先炸再滷的排骨飯，滷汁裡也加了咖哩。

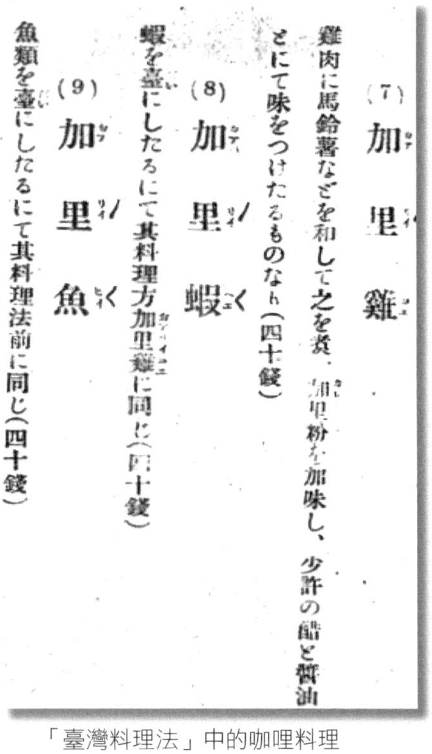
(7) 加里雞

雞肉に馬鈴薯などを和して之を煮、加里粉を加味し、少許の醋と醬油とにて味をつけたるものなり(四十錢)

(8) 加里蝦

蝦を臺にしたるにて其料理方加里雞に同じ(四十錢)

(9) 加里魚

魚類を臺にしたるにて其料理法前に同じ(四十錢)

「臺灣料理法」中的咖哩料理

戰後中國各省移民引進的調味料

戰後，中國各省移民也帶來了調味料，讓台灣美食的調味更加多元。

沙茶

「沙茶」不是茶，而是源自印尼語的烤肉串食物 Sate（馬來語 Satay），中文音譯「沙嗲」。

沙嗲流行於東南亞，沾沙嗲的醬料稱之「沙嗲醬」，主要成分是花生（粉），但有不同配方，其他成分還有椰奶、醬油、南薑、酸豆、紅糖、大蒜、辣椒，以及芫荽籽、小茴香等香料，印尼文 Bumbu kacang 直譯就是花生醬料，英語稱之 Satay sauce 或 Peanut sauce。事實上，十九世紀中流行花生醬料，很多賣到歐洲。▼11

早年東南亞的潮汕移民，把沙嗲醬帶回原鄉，改良口味，主要減少花生，添加魚乾（扁魚）、蝦乾、紅蔥頭、中藥材，並以大豆油炒過，與沙嗲醬比偏鹹而不辣，潮州話音譯印尼語 Sate 稱之「沙茶」（sa-te）。▼12

◆ 11

荷蘭曾長期殖民印尼，今天荷蘭人吃薯條的醬料有一種是沙嗲醬，這是從印尼帶去的飲食文化。

◆ 12

潮州雖屬廣東省，但潮州話屬閩南語系，早年漳潮一家，沙茶的「沙」是文讀 sa，「茶」的本音是tê，用來替代印尼語te。

一般認為，台灣是在戰後由潮汕人引進沙茶，並出現沙茶火鍋、沙茶牛肉等沙茶料理餐廳，以至於有專門工廠製造的「沙茶醬」產品，長賣至今。

然而，如果說沙茶在十九世紀中傳到潮汕、廈門，應該也會傳到同屬「漳泉潮文化圈」的台灣。

再進一步來說，台灣從十六世紀以來就有為數不少的潮汕移民，在清代被歸類為「粵籍」，在日本時代及戰後曾被誤會為「福佬客」。以此來看，台灣應該本有沙茶醬口味的傳統，為戰後發展沙茶料理餐廳、沙茶醬產品鋪路。

基隆港西岸流籠頭的「廣東汕頭牛肉店」，就是戰後有汕頭移民在基隆開店，並且在沙茶醬中加入咖哩粉，創造了咖哩、沙茶合體的「基隆味」。

豆瓣醬

台灣早年閩粵移民帶來豆醬（黃豆醬），這是以黃豆（白豆）和麵粉發酵製成的調味料，清代台灣方志載曰「煮熟拌粉，可為豆醬」，可用來煮湯。

台語俗話說：「雞膏比豆醬。」雞膏是雞屎，比喻相差很大。

戰後，四川移民帶來豆瓣醬。豆瓣醬源自四川，與豆醬不同之處，在於使用蠶豆，加了辣椒，以及製作方法的差異。

豆瓣醬被認為是川菜的靈魂，產生了豆瓣鯉魚、宮保雞丁、麻婆豆腐、魚香肉絲、螞蟻上樹等名菜。

豆瓣醬在台灣受到歡迎，例如：箭筍、桂竹筍用豆瓣醬簡單炒一下，就很好吃。豆瓣醬還在台灣幫忙創造了紅燒牛肉麵、羊肉爐等美食。

廣達香食品公司在一九五三年推出台灣第一罐肉醬罐頭，使用中國豆瓣醬、日本味噌為調味料，一直賣到今天。台灣早年的罐頭酒家菜，除了「魷魚螺肉蒜」，還有加了廣達香肉醬煮成的番茄排骨湯。

酒。

酒是以穀物、水果、蔬菜等植物，或以動物奶為原料，經發酵製成的「酒精飲料」（Alcoholic drink）。在一萬年前的新石器時代，人類就懂得飲酒了！

人類製酒的方法，最早是釀造，後來學會蒸餾。

釀造酒：以釀酒原料發酵成為酒精（乙醇）再過濾而成，酒精濃度較低，例如西方的啤酒、葡萄酒，中國的黃酒，日本的清酒等。

蒸餾酒：先釀造再蒸餾而成，酒精濃度較高，又稱烈酒、火酒，例如西方的威士忌、白蘭地、伏特加（俄羅斯），中國的白酒，日本的燒酎等。

從人類的飲食文化來看，酒是歡宴、節慶、祭祀、祛寒的飲品，也是醫療的藥品、養生的補品，以及烹飪的調味料。

台灣的原住民族及歷來旅群，以台灣的製酒原料和方法，發展了豐富的酒文化。

台灣原住民的釀造酒

早年台灣原住民的主食，主要是小米，其他還有芋、米（旱稻）等。

「小米」一詞源自中國北方。中國華夏文明起源於黃河流域中上游的黃土高原，最早的主食不是小麥、水稻，而是耐乾旱的小穀粒禾本科作物，稱之「粟」，後來俗稱小米，以對比水稻的大米。▼1

台灣原住民種植的小米是原生種的糯小米，因黏性強而適合釀酒。台灣原住民釀造「小米酒」，進而形成與生活、祭祀等連結的「小米酒文化」，直到今天仍維持傳統。

由此可見，台灣的小米酒歷史久遠，其實中國最早的酒也是小米酒。

此外，有些種植旱稻的原住民，也會用旱稻米釀酒，例如排灣族就有以小米和米釀酒的傳統。

台灣原住民與華人接觸、交流後，也會用華人的糯米釀酒。

◆1

清《諸羅縣志》（一七一七年）說：「黍，高六七尺，粒圓，色黃，俗呼為番黍，一名狗尾黍。」《淡水廳志》（一八七一年）：「狗尾黍，穗長如狗尾，即北方小米，俗呼稷仔，番多種食。」

今天，台語稱小米為「黍仔」（sé-á）或「稷仔（sek-á），客語、粵語則都稱小米為「狗尾粟」，

根據清《重修臺灣府志》（一七四七年）記載：「未嫁番女口嚼糯米藏三日後，略有酸味為麴，舂碎糯米，和麴置甕中，數日發氣，取出攪水而飲。」

根據相關文獻，南台灣的西拉雅族、排灣族都有以糯米釀酒的紀錄。今天，阿美族也會以糯米為原料，使用花草做成的酒麴來釀酒。

一九五〇年代賽夏族的嚼酒

台灣閩粵移民帶來的黃酒、白酒

中國製酒兩大主流：一是南方以糯米為主要原料的釀造酒「黃酒」，一是北方以高粱為主要原料的蒸餾酒「白酒」，黃、白是以其酒色命名。不過，黃酒因製作原料及方法的不同，在顏色上會有深淺的差異。如果以純糯米釀造，味道較甜、酒精度較低，顏色米白，則稱之「米酒」。清代台灣方志寫到的「糯米酒」、「老酒」（閩南語音 ló-chiú）、「米酒」，都是當時以糯米為主要原料的釀造酒。▼2

閩粵移民初來台灣，從原鄉帶來的酒類，主要是黃酒，最著名的有來自浙江的紹興酒、江蘇的惠泉酒等；其次是白酒，清代台灣方志稱之「燒酒」、「火酒」、「膏（高）粱酒」。

從荷蘭時代到清代，台灣一直從中國進口黃酒（紹興酒），以及較少量的白酒（高粱酒），但因價格昂貴，所以台灣人也開始製酒。

根據荷蘭人在台南（一六二四至六二年）的《熱蘭遮城日誌》，當時台灣從中國沿海地區經常輸入「中國啤酒」（Chinese bier）。然而，以麥芽釀造的啤酒，並不是中國傳統的釀酒法。原來，荷蘭人稱之啤酒，因為

◆2
老酒之名由來，有說是閩南語「糯」（lō）、「老」（ló）諧音，有說是黃酒經長期熟成稱之老酒。

此酒（黃酒）是以米釀造，有如歐洲的啤酒是以小麥釀造。

荷蘭文獻提及當時還進口一種 Zaad（英文 Seed），也就是種子，推測可能是用來製造紅麴酒的種子。所謂種子，應該就是紅麴（又稱紅麴米，以紅麴菌做成的麴，呈米粒狀有如種子），糯米加紅麴可釀造紅麴酒。紅麴酒過濾剩下的渣滓稱之「紅糟」，這是閩菜常用的調味料和天然增色料。

早年閩粵移民最早進入台灣西部平原，但當地的水質、氣候似不適合釀造黃酒。清《諸羅縣志》（一七一七年）記載：「用草為麯（麴）製之，有老酒、燒酒諸色，然不佳，雜以糖水。今多用惠泉、包酒、紹興、鎮江之屬。」

由此可見，早年華人在台灣做不出好的釀造米酒，因此大都做蒸餾燒酒。此外，早年華人移民相信飲酒可以對抗台灣的「瘴癘之氣」，燒酒是烈酒，效果會更好吧！

荷蘭時代的製酒業

根據荷蘭文獻，荷蘭人領台後不久，就發現有華人在熱蘭遮城（今安平古堡）、普羅民遮城（今赤崁樓）及附近地區以稻米及雜糧製造燒酒，並販售給熱蘭遮城的荷蘭士兵及水手。

由於華人製造燒酒消耗大量糧食，又造成荷蘭士兵喝酒上癮，所以引起荷蘭當局的關注，在一六三〇年由台灣長官公布：

1. 華人不得製造燒酒，否則將沒收燒酒及燒鍋等製造器具；

2. 華人不得攜帶燒酒進入熱蘭遮城，否則將沒收燒酒及載運船上的一切貨物。

一六三四年，荷蘭當局又再規定，無執照者不得製酒、販酒，違法者除了沒收燒酒和器具，還要罰款，罰款頗重。

一六四〇年，荷蘭當局開始徵收製酒稅，並規定製酒業者不得以劣貨製酒，也不可汙染河川。由此可見，當時台灣開始有製酒業。

荷蘭時代的華人在哪裡建灶製酒呢？根據荷蘭文獻，在市街以外的華人村落，位於河岸或有水利之便的地方。另一個地方是小琉球，荷蘭人在一六三六年從台南派遣艦隊討伐小琉球，毀掉島上一千多人的聚落，並清空居民，再把土地承包給華人，好在島上製造燒酒。

荷蘭文獻也記載，當時台南街道上有不少「酒吧」（kittebroer），有很多華人喜歡飲酒，荷蘭當局有規定賣酒的時間。

台灣發展不同於釀造米酒的蒸餾米酒

早年台灣華人的製酒方法，與東南亞華人類似，大都以蒸餾法製造燒酒，使用的原料除了米、麥、高粱（蘆黍），還有甘蔗糖蜜、番薯、椰子等。

台灣以米蒸餾「燒酒」，與中國以米釀造「黃酒」、日本以米釀造「清酒」不同，反而與阿拉伯、東南亞的「火酒」（Arak）蒸餾法屬於相同的製酒系統。這種以蒸餾法製造的米酒，還有琉球的「泡盛」、九州的「燒酎」。

由此可見，台灣閩粵移民很早就製造了與原鄉「釀造米酒」不同的「蒸餾米酒」。此外，東南亞因盛產甘蔗，所以會在製造燒酒時添加糖蜜，這樣也可以減少米的用量。台灣也盛產甘蔗，所以也製造了與東南亞相同的燒酒。這是「台灣米酒」的東南亞特色，與中國米酒不同。

到了日本時代，台灣米酒更加發揚光大。一九三〇年代，台灣總督府專賣局採用新的「阿米諾法」（Amylo process）釀造法製造台灣米酒，此發酵菌種可減少原料並縮短時間，有利機械化大量生產。台灣米酒以當時栽培成功的蓬萊米（粳米）為原料製造蒸餾酒，再加糖蜜酒精而成，兩者的比例大約六比四。

最早的台灣米酒有三種，依酒精度高低以號碼區分，後來改以顏色稱之金標、銀標、赤標。日文漢字稱紅為「赤」，日本時代的「赤標米酒」（酒精度二十），就是現今「紅標米酒」（酒精度十九點五）的前身。

戰後，平價的紅標米酒（全稱紅標料理米酒）成為台灣家庭與餐廳不可或缺的烹調用酒，如果漲價或缺貨就會造成重大的民生問題。

紅標米酒也是台灣料理的要角，台灣人愛吃的麻油雞、燒酒雞、薑母鴨、羊肉爐等，紅標米酒不可或缺。

台灣總督府專賣局米酒（金標）瓶裝用酒標。舊名米酒三號，一九三〇年七月制定。

台灣總督府專賣局米酒（銀標）瓶裝用酒標。舊名米酒三號，一九三七年三月二日制定。

台灣總督府專賣局赤標米酒桶酒標。一九三〇年四月制定。

戰後台灣酒文化的多樣性

日本時代，台灣總督府專賣局在水質優良處設有酒廠，生產的酒類主要是清酒、米酒、啤酒，以及用紅麴與糯米釀造的「紅酒」，即紅麴酒，今稱「紅露酒」。

戰後，台灣總督府專賣局改為台灣省專賣局、台灣省菸酒公賣局，另因政治上的因緣際會，還多了兩個獨立的離島酒廠：以高粱酒著稱的金門酒廠、以老酒著稱的馬祖酒廠。

台灣一向從中國進口的紹興酒、高粱酒，現在開始自己製造。埔里酒廠擁有優質泉水，在釀造日本清酒的基礎下，研發製造中國紹興酒，很受歡迎。台灣也能製造不同於中國白酒的優良高粱酒，在於歷史上長期累積的蒸餾技術，尤其金門酒廠的高粱酒，品質極佳，帶動了台灣喝白酒的人口。

隨著經濟發展、民生富裕，台灣還大量進口西方的白蘭地、威士忌、葡萄酒，以及世界各國的名酒。

二〇〇二年，台灣加入WTO，台灣省菸酒公賣局因公司化而改制台灣菸酒公司，政府也開放民間製酒。

台灣總督府專賣局紅添酒桶酒標。一九二三年制定。

此後，台灣製酒業蓬勃發展，民間有量產的大酒廠，還有更多匠人精神的微形酒廠，所製造的威士忌、葡萄酒、啤酒、清酒，常在國際酒類大賽中得到大獎。

此外，台灣各地農會也以在地特產製造各種釀造酒和蒸餾酒，包括草莓酒、荔枝酒、芋頭酒、梅子酒、小米酒、鳳梨酒等。

吃。冰。

台灣位於熱帶、亞熱帶，夏天炎熱。台灣在日本時代才引進製冰技術，在此之前如何消暑解渴？

日本時代台南文人連橫在《雅堂文集》卷三〈台灣漫錄〉說：「台灣為熱帶之地，三十年前無賣冰者，夏時僅啜仙草與愛玉凍。」

除了仙草凍與愛玉凍，台灣早年還從東南亞進口西谷米，以及台灣以番薯粉做的粉圓，也都做成清涼食品。

在沒有冰的年代，台語稱解渴的清涼飲料為「涼水」（liâng-tsuí），天氣太熱就會想要「食涼水」，常見的有冬瓜茶、青草茶等。

台灣早年的消暑聖品

仙草凍

「仙草」（Platostoma palustre）是原產於東亞的草本植物，傳說是仙人所賜，在中醫有清熱、涼血、利尿功效，故得仙草之名。▼1

清《臺灣府志》（一六八五年）記載：「仙草，晒乾可作茶，搗爛絞汁和麵粉煮之，雖三伏亦成凍，和蜜水飲之，能解暑毒。」

清《臺灣縣志》（一七二〇年）記載：「仙草，高五、六尺，晒乾煮爛，絞汁去渣，和漿粉再煮而成凍，色黑，暑天和糖泡水飲之，甚涼。」

仙草相關的專有名詞如下：仙草的莖葉晒乾後稱「仙草乾」，經熬煮、過濾就成「仙草茶」，可直接飲用，也可加少量麵粉（或米粉、番薯粉）做成「仙草凍」，再加糖水食用稱之「仙草水」。

清代台灣種植、食用仙草相當普遍，所以留下與仙草業有關的地名：仙草寮、仙草埔、仙草嶺、仙草崙等。

◆1
閩南語稱仙草，粵話稱涼粉草，潮州語稱粉粿草。

愛玉凍

台灣的「愛玉」，台語一般的唸法是 ò-giô，日本時代《臺日大辭典》的漢字是「澳蟯」，教育部《臺灣閩南語常用詞辭典》則創了新字「薁蕘」，看來都是取 ò-giô 的音。▼2

「薜荔」（Ficus pumila）是分布於亞洲低海拔地區的桑科榕屬植物，愛玉（愛玉子）則是薜荔在台灣特有的變種，生長在海拔八百至一千八百公尺的山區。一九〇四年，日本植物學家牧野富太郎在嘉義發現新種愛玉（Ficus pumila var. awkeotsang），awkeotsang 的音就是取自台語「愛玉欉」（ò-giô-tsâng）。

愛玉的細小果實，經乾燥後稱之「愛玉子」，含天然可溶性膠質（水溶性膳食纖維），放進布袋、浸入冷水中搓揉，使膠質從布袋滲出到水中，慢慢凝固成黃澄澄的「愛玉凍」，再加入糖水（一般再加檸檬汁）即可食用，在中醫具有除寒熱結、益氣輕身、健脾開胃等功效。▼3

連橫在《雅堂文集》提及「愛玉凍則府縣各誌均未載」，指清代台灣方志都未記載此一清涼食品，他是「聞諸故老」才得知

◆2
愛玉在《臺日大辭典》的漢字除了「澳蟯」（ò-giô）、「澳蟯凍」（ò-giô-tàng），也稱「愛玉子」（ài-gio̍k-chí）、「玉子」（gio̍k-chí）。今天愛玉的台語除了稱「薁蕘」（ò-giô），也叫「子仔」（tsí-á））。

◆3
東南亞等地區也有類似台灣愛玉凍的食品，大都用薜荔子所做。

山中有「水面成凍，掬而啜之」的愛玉，以及有一位「愛玉」的少女在賣愛玉的故事。▼4

不管是否文人編造了「愛玉」的故事，「薁蕘」（ò-giô）的由來還有待查證。

另一方面，台灣原住民也知道食用愛玉，但各族有不同的名稱：鄒語 skikia、布農語 tabakai、泰雅語 qrapit、魯凱語 tukunwi。由此可見，愛玉有可能源自原住民的清涼食品。

西國米圓

西米全稱是西谷米，並不是米，而是以東南亞棕櫚科西谷椰屬植物「西谷椰子」（Metroxylon sagu）樹莖內澱粉製成米粒狀的食品，印尼文、馬來文稱之 Sagu，英文 Sago，中文則直接從 Sagu 音譯有西谷米、碩莪米、碩硪米、沙穀米等名稱，中國明代文獻則稱之西國米、沙孤米。

一六一七年（明萬曆四十五年），福建漳州龍溪文人張燮發表《東西洋考》，介紹海外各國風土民情，作為明末海外貿

◆4
《雅堂文集》卷三〈台灣漫錄〉之「愛玉凍」說：「道光初有同安人某居府治媽祖樓街，每往來嘉義，辦土宜。一日，過後大埔，天熱湯甚，赴溪飲，見水面成凍，掬而啜之，冷沁心脾。自念此間暑，何得有冰？細視水上，樹子錯落，揉之有漿，以為此物化之也。拾而歸家，子細如黍，以水絞之，頃刻成凍，和糖可食，或合兒茶少許，則色如瑪瑙。某有女曰愛玉，年十五，長日無事，出凍以賣，人遂呼為愛玉凍。」

易指南，書中提到當年馬來半島古國「大泥」（大年）的物產：「西國米亦名沙孤米。其樹名沙孤。身如蕉，空心，取其里皮，削之，以水搗過，舂以為粉，細者為玉米，最精粗者，民家食之，以此代穀。今賈舶慮為波濤所濕，只攜其粉歸，自和為丸。」[5]

以此來看，明代華人已從東南亞帶進西谷米粉，再做成米粒般的小圓子食用。

雖然清代台灣方志似未記載西谷米，其實台灣在荷蘭時代已有進口。根據《熱蘭遮城日誌》，當年台南就進口不少Sagou，荷蘭文說是一種「樹的粉」（meel van boomen，麵粉或穀粉），顯然就是荷蘭文音譯的西谷米。

日本時代《臺日大辭典》則有收錄「西國米圓」（se-kok-bí-î^{n}）詞條，指以沙穀米做的「圓仔」。

東南亞起源的「西米露」，加了椰奶和糖水。台灣早年進口西谷米，做出「西國米圓」，本地也生產椰子和甘蔗，大概也有「西米露」的清涼飲料。

◆ 5
西谷米早年曾是很多印尼原住民部落的主食。

粉圓

台灣源自東南亞的「西國米圓」，可能就是「粉圓」的前身。

由於台灣從東南亞進口西谷米價格較貴，推測十八世紀後有很多人改以番薯粉來製作粉圓。日本時代《臺日大辭典》收錄「粉圓」詞條，指小圓仔，摻糖水來食。

早年，以當時番薯粉做成的白色粉圓，看起來很像西國米圓，但稍大一點。後來，粉圓因添加焦糖、黑糖、果汁等而有不同的顏色，並且做成大顆粉圓稱之「珍珠」，開創台灣「珍珠奶茶」的傳奇。

粉圓的另一個變化是在番薯粉中添加樹薯粉，甚至改以樹薯粉代替番薯粉製作，除了因為樹薯種植容易且產量大，價格便宜，也因為樹薯粉做的粉圓比較不會黏在一起，適合加入冷茶。

日文稱珍珠奶茶タピオカティー（tapiokatī），タピオカ就是音譯自樹薯粉的英文Tapioca。

日本時代開始製冰

靠著天然冰塊的儲存與運送，人類很早就會吃冰消暑，但這只是皇帝和權貴的特權。

直到十九世紀中葉製冰機的發明，人類吃冰才開始逐漸普及化。

台灣吃冰的歷史，從日本時代開始的製冰業說起。今天老一輩的台灣人，應該聞過製冰廠「氨氣」（Ammonia，俗稱阿摩尼亞）的刺激氣味。

剉冰

日本很早就有製冰業，在明治時代（一八六八至一九一二年）初期，有些寒冷地區已有利用水池冬天結冰、夏天賣冰的天然冰業；到了後期，隨著機器製冰技術的成熟，「冰店」、「冰屋」愈開愈多，「かき氷」（kakigōri，英文

日本時代的台南製冰廠

shaved ice，華語刨冰，台語剉冰）、冰淇淋等冰品逐漸流行。

日本自一八九五年統治台灣，最早曾把日本製造的冰塊船運到台灣販售，雖然很貴卻大受歡迎。隨後，日本人開始在台灣各地設立「製冰工場」、「製冰會社」，台灣進入吃「剉冰」（台語音 tshuah-ping）的時代。

台灣比日本炎熱，每年吃冰的期間比日本長，剉冰文化在此發揚光大。日本傳統剉冰配料簡單，常見的是紅豆、煉乳等，大都只淋上各種含有人工色素、甘味的果汁糖漿。台灣剉冰則有琳瑯滿目的配料，包括蜜餞、豆類、湯圓、粉圓、

李梅樹《冰果店》一九七四

果凍、仙草、番薯、粉粿、芋頭、米篩目、新鮮水果等。

此外，當年常見有人提著一桶冰棒在路上賣。

在台灣賣冰生意大好，甚至出現「第一賣冰，第二做醫生」的俚諺。

彈珠汽水

冰汽水也是解渴聖品，除了清涼好喝，更因為汽水中的氣泡在口中可以去油解膩。

汽水是讓二氧化碳溶於水中，成為有氣泡的碳酸飲料，在歐美稱之「蘇打水」（Soda water）。汽水於一七七〇年代在歐洲發明，最早的玻璃瓶裝汽水使用軟木塞，但有漏氣問題，直到一八七二年出現彈珠瓶裝汽水。

一八八四年，日本開始生產檸檬口味的彈珠汽水，稱之ラムネ（ramune），此字源自英語的檸檬水 Lemonade。

日本時代初年，日本商人在蘇澳冷泉地區設立台灣第一家汽水廠，製造ラムネ瓶裝彈珠汽水。為什麼選擇在那裡設廠？因為湧出自二氧化碳岩層的冷泉含有氣泡，適合製造汽水。

後來，台灣出現一句俚諺：「ラムネ，食一點氣。」可見彈珠汽水的流行。

基隆在清末也出現一句俚諺：「法蘭西水，食一點氣。」清法戰爭期間（一八八三年底至一八八五年四月），法國（當時稱法蘭西，France）軍隊曾在基隆待了八個月，傳說當時有法國士兵在基隆販賣汽水。基隆人第一次喝到這種有氣的水，稱之「法蘭西水」，有什麼特別的感覺？就在「食一點氣」而已。但這句話並無貶意，只是講出「水中有氣」的特色，而當時汽水是需要特別技術製作的飲料。

一八八四年清法戰爭一景：面對清軍堅強的防禦工事，法軍遭擊退回船上。

戰後的冷飲

戰後，中國北方傳統消暑飲料「酸梅湯」引進台灣，豐富了台灣的冷飲文化。台灣還發明了冷飲茶，頂著台灣原創的「泡沫紅茶」、「珍茶奶茶」，風行全球，成為台灣之光。

酸梅湯

酸梅湯是中國北方著名的酸甜口味冷飲，主要的材料是烏梅、桂花、冰糖，有的還加山楂、甘草，具有生津止渴、清熱解毒、潤肺降火的功效。

「老北京冰鎮酸梅湯」的名號，使酸梅湯在台灣頗受歡迎至今。台灣過去有不少酸梅湯專門店，在中藥店也能買到酸梅湯的配方。後來，酸梅湯還成為量產瓶裝飲料，在超商就能買到。

此外，台灣盛行吃麻鍋火鍋，很多店家都會提供降火的酸梅湯。

冷飲茶

華人傳統喝熱茶，很少喝紅茶，但在台灣遭到顛覆。台灣在一九八〇年代首先發明冷飲的泡沫紅茶，接著發明添加牛奶和粉圓的珍珠奶茶。

泡沫紅茶又稱手搖茶，做法如下：現泡茶葉，過濾後倒入調酒器（Shaker），加入冰塊和糖，前後搖晃，產生細微泡沫，並讓溫度降低。然後倒入杯中，只見泡沫向上升起，茶味穿鼻而出，喝到最後一口，咀嚼冰塊以除甜膩。

泡沫紅茶推出後大受歡迎，幾年後升級為珍珠奶茶，隨著大小不同的粉圓（珍珠），搭配不同口徑的吸管，結果掀起更大風潮。

然後，香港形容大胸脯女人的「波霸」一詞，在台灣成為流行語後，有珍珠奶茶業者推出號稱粉圓特大、鮮奶最多的「波霸奶茶」。所以英文稱珍珠奶茶為 Bubble tea（氣泡茶），也稱 Boba tea（波霸茶）。

近年，珍珠奶茶更發展成為多樣化的冷飲茶店，在全球各地廣受歡迎，經常大排長龍。有些跨國的冷飲茶店，也不一定從台灣發跡。二〇一一年，英國倫敦黃金商業區、國際名牌店集中地的牛津街（Oxford Street），出現一家英國人經營的台灣 Bubble Tea 專門店，店名 Bubbleology，就是「氣泡學」。

二〇一〇年四月三十日，四位台灣年輕人在美國紐約皇后區創立第一家 Kung Fu Tea（功夫茶），逐漸走紅全美國。二〇二〇年，美國民間自訂四月三十日為「國家珍奶日」（National Bubble Tea Day）。

茶。

「茶」是以「茶樹」葉子所製成的飲料。「茶樹」（Camellia sinensis）是否原產於中國尚未定論，但茶文化發源於中國。

中國人很早就懂得喝茶，茶本是藥物，後來變成飲料。中國從唐朝開始盛行喝茶，當時的茶學家陸羽就寫了世界第一本有關茶的專書《茶經》。

中國自古已發展種茶、製茶、喝茶的文化，共有南區、西南區、長江南區、長江北區四大產茶區，其中南區的氣候最適合茶樹生長，尤其福建很多山丘，成為中國重要的產茶區。

在十九世紀中葉，英國人開始在印度東北部阿薩姆（Assam）、大吉嶺（Darjeeling）大量種茶之前，中國茶獨霸世界市場，尤其在歐美上層社會受到歡迎。▼1

台灣何時開始種茶？一般都說始於十八世紀末、十九世紀初，當時福建移民從原鄉引進茶樹，在台灣北部淡水河域的丘陵地帶

◆1

中國茶往西方傳播，最早是在漢朝經由中國北方的陸路（絲路），經由中亞、西亞到歐洲，所以這些地區「茶」的發音來自北方漢語chá。在十六、十七世紀，歐洲海權國家從中國南方的海路帶回中國茶，所以「茶」的閩南語tê被音譯為荷蘭語thee、西班牙語té、英語tea、法語thé、德語tee等，葡萄牙語chá則是來自租借地澳門的粵語chà，或是耶穌會士所學到的官話châ。

種植。

不過，根據台灣民間契約文書，一七七〇年代已有「茶園」、「茶叢」項目。▼2

此外，荷蘭時代台灣也有種茶的紀錄，以此來看，台灣的種茶歷史應該有三、四百年以上。

一般認為台灣茶種都由中國引進，其實台灣山區本有野生茶樹，但因採茶不易，產量很少。

台灣野生茶樹

根據荷蘭《巴達維亞城日誌》一六四四至四五年的紀錄，在台灣發現「茶樹」（Theebomkens），可能是台灣野生茶樹最早的紀錄。

台灣清代文獻記載台灣的野生茶樹，都說在「水沙連」的山區，水沙連指今以日月潭為中心的魚池鄉、埔里鎮一帶。

荷蘭文獻記載華人已進入南投（Lamtau）、草屯（Paktau）及水沙連（Serrien），以此來看，《巴達維亞城日誌》提及的台灣茶樹，不排除就是

◆2
《台灣總督府檔案抄錄契約文書》中收錄清乾隆年間「石碇堡友蚋庄（今基隆市七堵區）」一杜賣契，記載山地買賣交易，含括「茶欉竹林樹木」等。乾隆三十八年十月「桃澗堡新路坑庄（今桃園市龜山區）」的杜賣契也記載交易內容包含茶園與茅屋。

水沙連的野生茶樹。

清《諸羅縣志》（一七一七年）說：「水沙連內山茶甚夥，味別色綠如松蘿。山谷深峻，性嚴冷，能卻暑消脹。然路險，又畏生番，故漢人不敢入採，又不諳製茶之法。若挾能製武夷諸品者，購土番採而造之，當香味益上矣。」▼3

清黃叔璥《臺海使槎錄》（一七二二至二四年）說：「水沙連茶，在深山中。眾木蔽虧，霧露濛密，晨曦晚照，總不能及。色綠如松蘿，性極寒，療熱症最效。每年，通事於各番議明入山焙製。」

清藍鼎元《東征集》（一七三三年）〈紀水沙連〉說：「水沙連內山產土茶，色綠如松蘿，味甚清冽，能解暑毒，消腹脹，亦佳品云。」

根據上述三筆資料，台灣華人移民很早就知道台灣有野生山茶，進而採茶焙製，也了解山茶的味道、性質和藥效，並說也算茶中佳品。

台灣山茶

◆3
有說台灣文獻最早寫到野生茶樹是清郁永河的《裨海紀遊》（一六九七年），書中的〈番境補遺〉一文提及水沙廉（連）山區有丈高野生茶。此說被大量引用，但經查〈番境補遺〉通篇並未談茶。

清朱仕玠《小琉球漫誌》（一七六五年）提及「水沙連茶」：「水沙連山在諸羅縣治內，有十番社……內山產茶甚夥……性嚴冷，能卻暑消瘴。然路險且畏生番，故漢人不敢入採……凡客福州會城者，會城人即討水沙連茶，以能療赤白痢如神也。」

清唐贊袞《臺陽見聞錄》（一八九一年）也談到「水沙連茶」：「惟性極寒，療熱症最效，能發痘。」

以此來看，清代有焙製台灣野生山茶，但產量有限，所以福州省城的人遇到台灣來客，常會索討水沙連茶，以其可治療「赤白痢」（即中醫指大便中帶膿血的痢疾）。此外，台灣野生山茶因性極寒可排解熱毒、消除痘瘡。

今天，台灣野生山茶已證實是台灣原生種，並在二〇〇九年正名「台灣山茶」（**Camellia formosensis**）。

根據農委會林業試驗所官網資料：台灣山茶屬山茶科、山茶屬常綠小喬木大葉品種，高可達八公尺，樹齡可超過百歲，主要分布於南投、雲林、嘉義、高雄、屏東、台東海拔七百至一千六百公尺的山區。以台灣山茶製成的綠茶，香氣優雅、滋味清新甘甜，抗氧化能力及兒茶素含量明顯優於市售綠茶。

近年來，台灣山茶受到重視，出現市場需求，因而發生盜採事件，但政府採招標來管控採收，以保護山林。

清代的製茶

自十八世紀以後，前來台灣北部開墾的華人愈來愈多，農作物主要是稻米，另有少量的甘蔗與茶。

到了十八世紀末，台灣北部開始有福建移民從福建武夷山引進茶樹，在淡水河及其支流新店溪、大漢溪、基隆河的丘陵地帶種植，並引進福建焙製茶葉的技術。

根據清代台灣文獻記載，乾隆年間（一七三六至九九年），桃園龜山已有茶園。乾隆末年，台北深坑、木柵一帶已有福建人租地種茶。嘉慶年間（一七九六至一八二〇年），福建人柯朝在台北瑞芳一帶種茶豐收，更帶動了種茶風

清人揀茶和分茶種（約一七五〇年）

潮。

道光元年（一八二一年），桃園大溪、台北新店等地也大量種茶。一八二〇年代，台灣北部的製茶業逐漸興隆，已有茶商開始把台灣茶銷往福州、廈門。

清代後期，台灣北部因茶與樟腦新興產業崛起，使台灣產業重心從南台灣轉移北台灣。

福爾摩沙茶

台灣茶外銷歐美，則是歷史的因緣際會。

十七世紀初，荷蘭人就把中國茶輸往歐洲。十八世紀以來，英國成為喝茶大國，也影響北美殖民地美國大量進口中國茶。

美國在一七七六年宣布獨立後，不斷派船前往中國

荷蘭東印度公司到廣東選茶、買茶。（約一七五〇年）

購買茶葉，茶葉在進口貨物中所占的比率逐年升高，在一八三〇年代已超過百分之五十，對中國茶的需求愈來愈大。

因此，美國輿論開始主張在台灣種植茶葉，這樣就可以大幅降低對中國茶的需求，以免讓中國茶奇貨可居。到了一八五〇年代，甚至有美國海軍將領、外交官、商人主張美國買下或占領台灣。

一八五八年，清與美、英、法簽天津條約，台灣的安平、淡水開放成為國際

FORMOSA ISLAND.—PREPARING TEA FOR THE AMERICAN MARKET AT TAM-SUI, NORTHERN FORMOSA.

淡水製茶業，此圖為準備外銷給美國的茶葉。（一八七一年畫報）

港，讓英國商人德約翰（John Dodd）看到台灣茶直銷美國的機會。

德約翰在一八六五年前來台灣北部考察茶樹種植，一八六六年即引進福建泉州安溪「烏龍」茶種，以貸款鼓勵茶農種植，並收購所有茶葉。一八六七年，德約翰把茶葉運到福州焙製，再成功賣到澳洲後，就在台北艋舺開設「茶館」研究製茶，並引進廈門和福州的製茶技工。

一八六九年德約翰帶領裝載十二萬七千多公斤台灣茶的兩艘輪船，從淡水直接開往紐約銷售，這是台灣茶首次直接運到國外販賣。以Formosa Tea（福爾摩沙茶）為商標的台灣茶，在美國試銷成功，打開台灣茶的國際知名度。

清末在歐美受到歡迎的台灣烏龍茶，應該是做成迎合歐美市場的全發酵茶（紅茶系統），與戰後台灣人愛喝的半發酵烏龍茶不同。不過也有人認為，清末台灣外銷歐美的烏龍茶是白毫烏龍，此茶的發酵度是百分之七十。無論如何，還是與戰後至今流行的烏龍茶不太一樣。

日本時代的製茶

日本時代初期，台灣總督府即了解台灣茶產業的經濟價值，馬上展開法制化、機械化，並設立製茶及茶樹栽培試驗、茶檢查所、茶業傳習所等，推動台灣茶的發展，台灣的茶樹栽種面積、茶葉產量大增。

日本人在台灣清代茶業的基礎下，繼續研發烏龍茶新品種，並以Formosa Oolong Tea（福爾摩沙烏龍茶）品牌外銷國際。

此外，日本人也引進印度阿薩姆紅茶品種，種植成功之

日本時代台灣人採茶

後，以 Formosa Black Tea（福爾摩沙紅茶）品牌外銷國際，與印度茶、錫蘭茶競爭。

日本時代末期，二次大戰爆發，日本參戰，因缺乏勞力與糧食，台灣茶園或改種糧食作物，或因人力缺乏而荒廢，造成台灣茶產業大幅萎縮。

戰後台灣茶文化的發展

戰後初期，台灣茶園雖然開始復興，但因產量太少及國際競爭，台灣茶轉為內銷為主，烏龍茶繼續發展，紅茶則因國人不習慣喝而幾近停產。

然而，隨著台灣經濟發展、民生富裕，各地出現茶藝館、觀光茶園，台灣茶文化蓬勃發展，台灣茶產品走向多元化。

烏龍茶種：中南部有凍頂烏龍茶，北部有包種茶、鐵觀音茶、白毫烏龍茶（東方美人茶），一九九〇年代並「提升」產製海拔一千公尺以上的「高山茶」。

紅茶種：在一九九九年九二一大地震後，南投縣魚池鄉選擇以日本時代的紅茶產業重新出發，尤其以台灣野生山茶（即當地歷史上所稱的水沙連茶）與緬甸大葉茶種培育的新品種「台茶十八號」，稱之「紅玉」，因品質極佳而大受好評，帶動台灣紅茶產業的復興。

此外，台灣也開始產製綠茶，以及原生的「台灣山茶」。

一九八〇年代以來，台灣還開發了「冷飲茶」，陸續出現以調酒器（Shaker）手搖的「泡沫紅茶」，添加牛奶和粉圓的「珍珠奶茶」，以及與果汁等結合的各種冰茶。台灣的冷飲茶能夠風靡全球，或許也有「福爾摩沙茶」的歷史因素。

糖。

甘蔗為熱帶、亞熱帶植物，最早是南島語族人（Austronesian）和新幾內亞原住民巴布亞人（Papuan people）的古老農作物，後來傳到東南亞，以及中國南部、印度。另有甘蔗原產於中國南部或新幾內亞的說法。

台灣氣候適合種植甘蔗，甘蔗在南台灣一年四季都可生長。台灣何時開始種植甘蔗、製成砂糖，進而發產砂糖產業？

一般認為，十七世紀荷蘭人殖民南台灣，從福建招攬華人渡海來台灣耕作甘蔗和稻米，發展糖、米產業，外銷國際市場。

然而，如果以「南島語族文化圈」的概念，以及從歷史文獻來看，台灣原住民可能在華人移民之前就種植甘蔗了。

台灣原住民種植甘蔗

元代航海家汪大淵在《島夷志略》（一三四九年）中寫到海外的「琉球」，描述原住民「煮海水為鹽，釀蔗漿為酒」。▼1文中的「琉球」，雖然從文獻與文脈可確認指今天的日本沖繩，但也有學者主張是台灣。不管如何，兩地都適合甘蔗生長，也都有種蔗製糖。

根據荷蘭《巴達維亞城日記》一六二四年二月十六日的紀錄（下圖），蕭壠（今台南佳里）有野生的甘蔗（荷蘭文 Suykerriet），但原住民並未當成經濟作物，似乎也沒有發展製糖業。

蕭壠是當年台南原住民西拉雅族四大社之「蕭壠社」所在地，日本統治初期，在當地設立新式製糖工廠「蕭壠糖廠」，後來更名「佳里糖廠」。二〇〇五年，佳里糖廠閒置的倉庫群設立「蕭壠文化園區」。

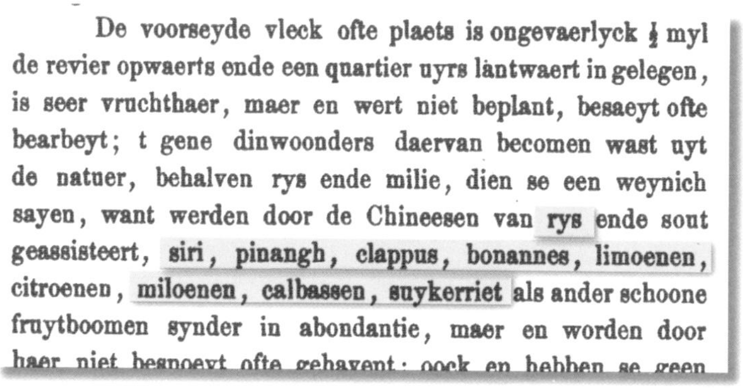
De voorseyde vleck ofte plaets is ongevaerlyck ½ myl de revier opwaerts ende een quartier uyrs làntwaert in gelegen, is seer vruchthaer, maer en wert niet beplant, besaeyt ofte bearbeyt; t gene dinwoonders daervan becomen wast uyt de natuer, behalven rys ende milie, dien se een weynich sayen, want werden door de Chineesen van rys ende sout geassisteert, siri, pinangh, clappus, bonannes, limoenen, citroenen, miloenen, calbassen, suykerriet als ander schoone fruytboomen synder in abondantie, maer en worden door haer niet besnoeyt ofte gebavent; oock en hebben se geen

蕭壠社此地種有 rys（米）、siri（荖葉）、pinangh（檳榔）、clappus（椰子）、bonannes（香蕉）、limoenen（檸檬）、miloenen（西瓜）、calbassen（葫蘆）、suykerriet（甘蔗）等作物。

◆1

全文：「琉球：地勢盤穹，林木合抱。山曰翠麓，曰重曼，曰斧頭，曰大峙。其峙山極高峻，自彭湖望之甚近。余登此山，則觀海潮之消長。夜半，則望暘谷之出；紅光燭天，山頂為之俱明。土潤田沃，宜稼穡。氣候漸暖。俗與彭湖差異。水無舟楫，以筏濟之。男子、婦人拳髮，以花布為衫。煮海水為鹽，釀蔗漿為酒。知番主酋長之尊，有父子骨肉之義。他國之人倘有所犯，則生割其肉以啖之，取其頭懸木竿。地產沙金、黃豆、黍子、琉黃、黃蠟、鹿豹麂皮；貿易之貨，用土珠、瑪瑙、金、珠、粗碗、處州磁器之屬。海外諸國，蓋由此始。」取自中研院台史所《台灣文獻叢刊資料庫》。

清郁永河的《裨海紀遊》（一六九七年）書中的〈番境補遺〉，提及鄭經率領三千軍隊攻打「斗尾龍岸番」，深入番地後，「不見一人，時亭午酷暑，將士皆渴，競取所植甘蔗啖之」。▼2

當年明鄭入台後，為了安頓大量軍隊，實施兵農合一的屯田制，派軍隊前往各地屯墾，侵犯了原住民領域。一六六一年，鄭軍攻打「斗尾龍岸」（今台中神岡一帶）的原住民部落，被引入甘蔗園，正在吃甘蔗時，遭到原住民放火圍攻，雙方互有死傷。▼3

以此來看，當年台灣中部原住民已經種植甘蔗，或許與越界私墾的福建移民「流氓」（無戶籍農民）合種甘蔗也有可能。

◆2

全文：「斗尾龍岸番皆偉岸多力，既盡文身，復盡文面，窮奇極怪，狀同魔鬼。常出外焚掠殺人，土番聞其出，皆號哭遠避。鄭經親統三千眾往勦，既深入，不見一人；時亭午酷暑，將士皆渴，競取所植甘蔗啖之。劉國軒守半線，率數百人後至；見鄭經馬上啖蔗，大呼曰：『誰使主君至此？令後軍速退。』既而曰：『事急矣，退亦莫及，令三軍速刈草為營，亂動者斬。』言未畢，四面火發，文面五六百人奮勇跳戰，互有殺傷；餘皆竄匿深山，竟不能滅，僅燬其巢而歸。至今崩山、大甲、半線諸社，慮其出擾，猶甚患之。」取自中研院台史所《台灣文獻叢刊資料庫》。

◆3

「斗尾龍岸」就是荷蘭文獻所說的Teverongan，台中原住民巴宰族的岸裡社。此一事件一般說發生在一六七〇年，但根據Albrecht Herport以德文撰寫《東印度遊記述略》（*Eine kurze Ost-Indianische Reis-beschreibung*，一六六九年在瑞士出版）一書的記載，此一事件發生在一六六一年。

Albrecht Herport的說法也與郁永河不同：當時鄭軍有兩千人，遭台灣中部跨族群、部落的聯盟「大肚王」發動夜襲，鄭軍約有一千五百人被殺害，其餘躲藏在蔗園。「大肚王」再下令火燒蔗園，殲滅從蔗園中逃出的殘軍。

Albrecht Herport是荷蘭東印度公司的瑞士傭兵，曾參與一六六一年鄭荷之戰。

50 GVILIELMI PISONIS

quem *Tabaxir* appellant, viſcoſum albicantemque liquorem promanare conſtat, ut Avicenna, Rhaſis, & Serapio teſtantur. Tamen alterutrum vel inſita qualitate, vel conficiendi dexteritate adæquari huic arundinaceo poſſe, nemo credat. Planta ſiquidem hæc noſtra fruticis inſtar firmitate prædita, ſucco dulci turget. Silveſtri arundini externa facie eſt ſimillima, niſi quod

十七世紀中南美洲的製糖廠

荷蘭時代開啟製糖業

荷蘭統治台灣時期（一六二四至六二），引進漳州（或潮州）的甘蔗品種，以及大量的人力和耕牛，在台南一帶種植甘蔗，開啟台灣的製糖業。

台灣早年製糖的場所，稱之「糖廍」或「蔗廍」，簡稱「廍」（台語音 phōo），糖廍的守護神即稱「廍公」。台灣有很多與「廍」字有關的舊地名，包括大廍、後廍、頂廍、中廍、下廍等，最早都是製糖的場所。▼4

甘蔗採收後，經整理、細綁，以牛車拉到糖廍。糖廍依工作性質分成兩區，一是榨汁區，一是煮糖區。

首先，由榨汁區的「石車」（清代台灣方志稱蔗車）處理，以人工把甘蔗放入石車的兩個石輪之間，由牛力拉動石輪旋轉絞榨蔗汁，流入木桶，反覆操作二、三次把甘蔗榨乾。然後，把裝滿蔗汁的木桶拿到煮糖區，倒入大鍋熬煮成糖。

荷蘭人在台灣生產的糖，外銷以日本為主的國際市場，甚至

◆4

康熙字典並未收錄「廍」字，此字的正字應該是「蔀」（ㄅㄨˋ），指覆蓋於棚架上以遮蔽陽光的草蓆，或用來遮蔽光線的東西。「蔀屋」指以草蓆覆蓋屋頂的簡陋房屋。

《臺日大辭典》（一九三二年）、《廈門音新字典》（一九一三年）的用字都是「蔀」。清台灣方志則「糖廍」、「糖蔀」並用。

輸入荷蘭。此後，日本一直仰賴從台灣進口糖。

當年荷蘭人在亞洲總部印尼也種稻製糖，一六六二年被鄭成功從台灣驅逐回到印尼，開始增加印尼的製糖產量。

明鄭時代（一六六二至八三年），在荷蘭人建立的基礎下，從福建引進更多種蔗、製糖的人力和技術，台灣糖的產量多於荷蘭時代，繼續大量輸往日本。

清代的製糖業

清代台灣的製糖業繼續發展，不過因相對重視種稻，以便輸往中國供給食用，故糖廍並未繼續擴張。

清康熙三十年（一六九一年）起擔任福建分巡台灣廈門道（當時台灣最

清《番社采風圖》之糖廍

高官職）的高拱乾，為了鼓勵種稻，公布〈禁飭插蔗并力種田示〉。他認為，雖然「種蔗硤糖便可取利」，但「正當盡力種稻，期以充積倉儲，預防歲歉」，故「嚴禁申飭插蔗并力種田，以期足食，以重邦本事」。

清代初期，台灣糖除了繼續外銷日本，也輸往中國各地。清代後期天津條約（一八五八年）以後，淡水、安平、雞籠（基隆）、打狗（高雄）陸續開放為通商口岸，台灣糖引起洋商注意，擴大了外銷市場。

不過，清光緒年間發生清法戰爭（一八八三至八五年），法軍封鎖台灣港口，加上洋商退出台灣市場，使台灣糖的外銷受到影響。

日本時代的新式製糖業

日本在十七世紀就由荷蘭人從台灣進口糖，歷經明鄭直到清代，台灣糖是日本進口糖最大的來源。

早年台灣糖運到日本長崎，因品質比其他進口糖更佳而受到歡迎。清乾隆劉良璧《重修福建臺灣府志》（一七四一年）記載：「長岐（崎）最愛臺貨，其白糖、青糖、鹿獐等皮，價倍他物。」

長崎自十六世紀開始製作的「長崎菓子」（長崎蜂蜜蛋糕），日文稱之カステラ（kasutera），源自葡萄牙的Castella，就是以台灣的上等蔗糖製作。

因此，日本自一八九五年從清國取得割讓之地台灣後，就大力發展台灣的製糖業，不但可滿足日本內地需求，還可外銷。

日本幾家「製糖會社」紛紛在台灣各地設立「製糖所」及「製糖工場」，改變台灣製糖業傳統的生產方式，台灣糖產量大增。

在新式機械化的糖廠，台灣早年依靠人工和牛力的「糖

舊式糖廍（赤糖）甘蔗壓搾機

廍」，改以燃煤或石油蒸汽機為動力的「機器廍（ki-khì phōo）」。

然而，台灣總督府訂定有利日本製糖企業的政策，糖廠強迫徵收或承租地主的土地，並剝削蔗農，不但收買價格很低，還在磅秤上動手腳，引起蔗農抗爭。因此，當時出現一句台語俚諺：「第一戇，種甘蔗予會社磅。」最笨的人才會種甘蔗給糖廠秤重。

日本時代末期，台灣因二次大戰影響，以及很多糖廠遭盟軍空襲毀，產量大減。

新式甘蔗壓榨裝置

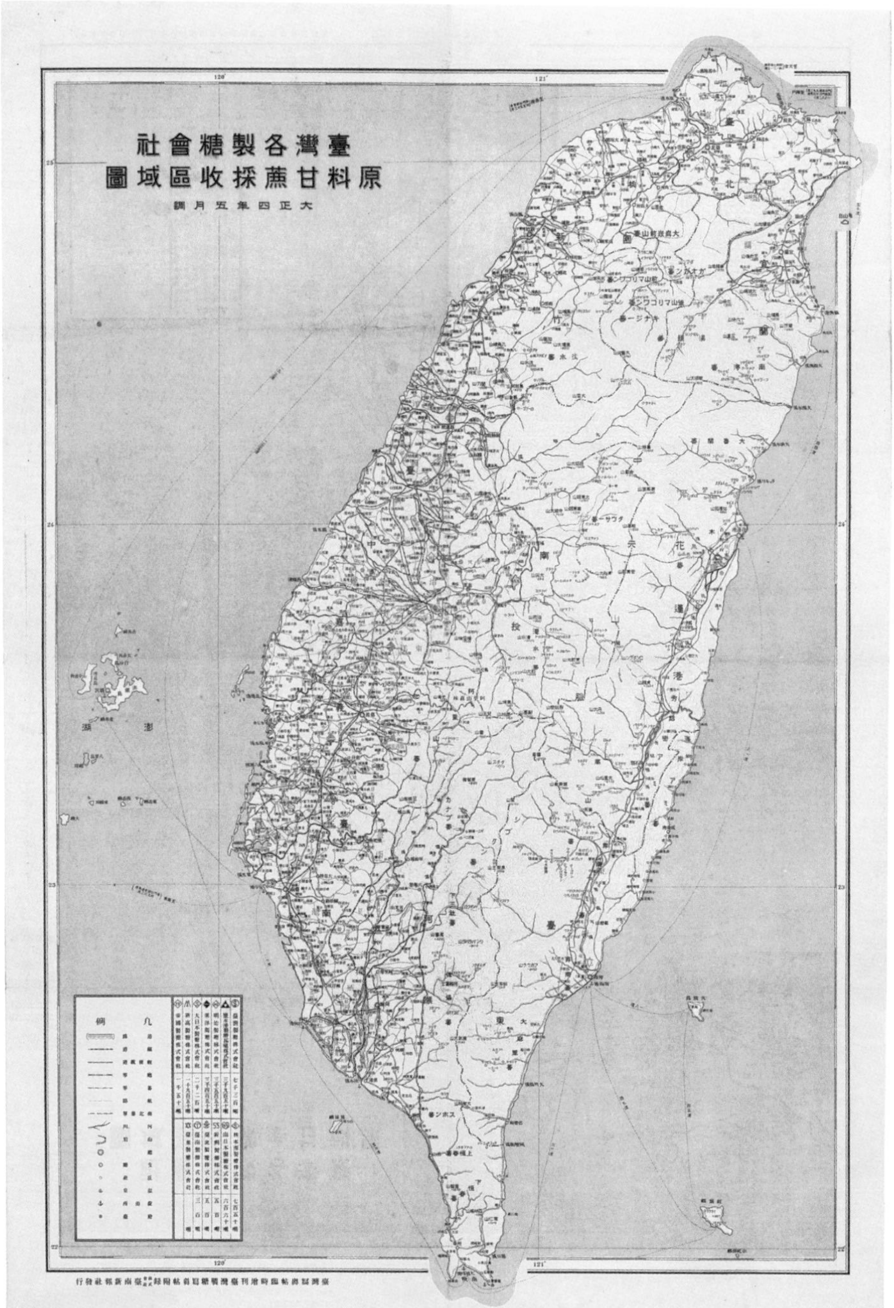

大正四年（1915）台灣各製糖會社原料甘蔗採收區域圖

戰後台灣製糖業的興衰與轉型

戰後，國民政府在一九四五年接收台灣，即在一九四六年成立「台灣糖業公司」（台糖），接收日本製糖企業留下來的機構、土地和生產設備。

台糖繼續發展台灣製糖業，並大量外銷賺取外匯，在一九六〇年代達到最高峰，幾占台灣出口外匯的八成。

一九九〇年代以後，由於台灣製糖成本增加、國際糖價下跌，台灣製糖業開始衰退，外銷量逐漸減少。

二〇〇〇年以後，台糖開始轉型多角化經營，增加量販店、加油站、養殖業、生技業、食品業、精緻農業（蝴蝶蘭園）等項目，以及觀光糖廠、糖業鐵道等糖業文化創意園區。

醃。晒。魚。肉。

家用冷藏設備的普及，其實還不到百年，在此之前如何保存容易腐敗的魚與肉？最常見有兩種方法，一是醃（台語豉），一是晒（台語曝），或先醃再晒。

豉（sīnn）：用鹽、糖、酒等調味料浸漬食物，主要是鹽，因鹽可抑制腐敗菌類生長，台語稱之「豉鹽」（sīnn-iâm），例如「豉魚」、「豉肉」、「豉菜頭」、「豉鹹菜」。醃鹽的食物則稱「鹹魚」、「鹹肉」、「鹹卵」、「鹹菜」等。▼1

曝（pha̍k）：把食物曝晒在陽光下，包括風乾，使其因失水乾燥而讓細菌無法生長（煙燻也有助脫水），台語稱之「曝乾」（pha̍k-kuann），有一句俗語說：「生食都無夠，哪有通曝乾？」

魚肉經醃漬、晒乾可長期保存，使人類得以攝取足夠的營養和熱量，又因時間催化的發酵過程，使魚肉產生特別風味，這是世界各地飲食文化不約而同都有的智慧。

◆1
教育部《臺灣閩南語常用詞辭典》使用「豉」字，日本時代《臺日大辭典》使用「漬」字。

醃晒魚類

台灣是海產豐富之島，擁有海洋飲食文化，對醃晒魚類等海產，有不同的方法和名稱，以下以台語說明。

鹹魚（kiâm-hî）

醃鹽的魚，有濕的鹹魚，也有乾的鹹魚。早年，在沿海地區及長期航行的船上，鹹魚是主要肉食來源。其他還有「鹹蟯仔」（鹹蛤蜊）、鹹蜊仔（鹹蜆）等。

台灣盛產的鯖魚，台語俗名「花飛」（hue-hui），早年常醃製「鹹花飛」（鹹鯖魚），因價格便宜曾是窮人的美食及蛋白質來源。

魚乾（hî-kuann）

晒乾至脫水的魚，有不鹹的魚乾，也有鹹的魚乾，為了區分可稱之「鹹魚乾」。其他還有「蝦乾」、「鎖管乾」等。另外，還有晒乾的扁魚、魷魚、九孔等。

扁魚以魚體扁平得名，一般都說是比目魚（廣東稱大地魚），常晒成魚乾。台灣清代方志說：「扁魚，晒乾味香美，鮮食亦佳。」扁魚大都磨粉使用，在台灣料理是頗具風味的調味料。

鱿魚指鱿魚乾，可以泡發再烹煮，也可以剪小段煮湯，台灣酒家菜有一道著名湯品「鱿魚螺肉蒜」。

九孔指晒乾的九孔，可用來燉湯。清代《澎湖台灣紀略》（一六八五年）、《澎湖廳志》（一八七八年）說：「土鮑魚，一名九孔」，「九孔，鮑魚之小者」。九孔是台灣原生種「九孔鮑」，又稱「台灣鮑」。

魚鮭（hî-kê）

「鮭」的正字是「膎」，指醃鹽的魚蝦貝類，尤指小魚，一般浸漬在瓶罐裡等；「鹹鮭」即指醃鹽的小魚。除了「魚鮭」，還有「蝦鮭」、「蚵鮭」、「蛤鮭」、「珠螺鮭」、「鎖管鮭」等。▼2

鮭的鹹汁稱之「鮭汁」，這是類似醬油而更早的調味料，今稱之「魚露」。

早年，鮭是常見配飯粥的食物，所以出現一些與鮭有關的用詞。

鮭鮭（kê-kê）：形容水果、魚乾等變形不完整，源自魚蝦貝類醃鹽作鮭，放久了會碎裂。

◆ 2

「鮭」是清代台灣方志的用字，教育部《臺灣閩南語常用詞辭典》，為了避免與鮭魚（Salmon）混淆，使用正字「膎」。

破鮭鮭（phuà-kê-kê）：支離破碎的樣子。

溶鮭鮭（iûnn-kê-kê）：溶化變黏的狀態。

豉人鮭（sīnn -lâng-kê）：比喻很多人擠在一個小房間，源自小魚醃鹽塞滿瓶罐。

魚脯（hî-póo）：「脯」（póo）有乾枯、皺縮之意，指晒乾或醃製的脫水食物。「魚脯」常用來指小魚乾。

有一句台灣歇後語：「一盤魚脯仔——全全頭。」因為幼魚眼睛及頭部的比例大，所以一盤小魚乾看起來全都是頭，比喻團體內部每個人都想當頭。

魚脯（hî-hú）

「脯」[3]（hú）也指經過調製的乾肉，「魚脯」即魚乾食品。

魚鮝（hî-siúnn）

「鮝」（異體字「鯗」）指剖開晒乾的魚，有鹹的，也有不鹹的。例如：江浙特產「黃魚鮝」，頂級色白稱之「白鮝」。清代台灣方志中有「魚鮝」、

◆3
在《臺日大辭典》中「脯」字有兩種發音póo和hú，分別代表兩種意思。但教育部《臺灣閩南語常用詞辭典》僅收錄póo的發音，hú則另以「拊」字表示。

「鰻鯗」，以及澎湖把特產的「龍占」魚「醃為鯗」，今天在澎湖還常看到剖開晒乾的龍占魚乾。

魚子（î-tsí）

在清代台灣方志中是「烏魚子」的簡稱，即烏魚卵。《臺灣府志》（一六八五年）說：「烏魚其子晒乾，曰烏魚子，味佳。」

魚翅（hî-tshì）

即鯊魚翅，以鯊魚的鰭晒乾製成，中國四大海味「鮑、翅、肚、參」之一。清《澎湖廳志》（一八七八年）說：「按鯊之佳者曰龍文鯊，皮有黑、白文，取其翼鬣，晒乾為魚翅，珍錯也。」

醃曬肉類

鹹肉：醃鹽的肉。

肉脯（bah-póo）：又稱肉乾。

肉脯（bah-hú）：炒乾的絲絨狀肉品。

鹿脯（lók-póo）：即鹿肉乾。清代台灣方志說：「醃魚為鮭，醃鹿為脯。」

鴨鯗（ah-siúnn）：以魚鯗（剖開晒乾的魚）的製法用在家禽，包括「鴨鯗」、「雞鯗」。宜蘭名產「鴨賞」的正字是「鴨鯗」，就是把殺好的鴨子剖肚、撐開，經鹽漬後壓扁、風乾，再以蔗燻而成。

台灣原住民醃晒魚肉

台灣原住民也有醃晒魚肉的飲食文化，而且愛吃腐敗長蟲的醃魚，以及醃製的鹿內臟。

荷蘭時代初年，第一位來台的基督教新教牧師康德迪午士（干治士，Georgius Candidius），在新港社（台南新市）傳教，他的著作《台灣略記》（荷蘭文 *Discourse ende cort verhael van't eylant Formos*）中，記載當時台南原住民的生活，提及他們有吃「鹹魚腐肉」的習俗。

清《諸羅縣志》（一七一七年）提及台灣原住民的「番俗飲食」：「捕小魚，微鹽漬之，令腐；俟蟲生既多，乃食。亦喜作鮓魚，以不剖腹而醃，故速腐。」

清乾隆范咸《重修臺灣府志》（一七四七年）也記載「番社風俗」：「凡捕魚，於水清處見魚發發，用三叉鏢射之或手網取之。小魚熟食，大則醃食，不剖魚腹，就魚口納鹽藏甕中，俟年餘生食之。」

以此來看，原住民僅以薄鹽醃小魚，直到生很多蟲再吃，也喜歡吃鹽漬魚類，且不剖腹取出內臟，只把鹽放入魚口就儲存甕中，過了一年多再生吃。

清杜臻在台灣明清交替期間所寫的短文〈澎湖臺灣紀略〉（一六八五年）記載：「山尤多鹿。人善用鏢；鏢長五尺，鏃甚銛，虎鹿遇之輒斃。其捕鹿，嘗以冬，伺其群出，乃集眾逐而圍之。掩群盡取，積如邱陵。先屠取其皮角，次腊其肉，次腊其舌與腎，與筋別藏之，盛以箱而鬻之華人。」

清乾隆劉良璧《重修福建臺灣府志》（一七四一年）的「土番風俗」：「捕鹿曰出草，先開火路，以防燎原，諸番團

清乾隆《番社采風圖》（一七四四年）

立如堵，火起焰烈，鹿獐驚逸，張弓縱矢或用鏢鎗刺之。獲鹿則剝割，聚而飲；臟腑醃藏甕中，名曰膏蚌鮭，或置鹽少許醃而食之。凡鳥獸之肉，傳諸火，帶血而食；或吮生血至盡乃剝，但不茹毛耳。」[3]

以此來看，原住民會集眾圍捕鹿群，也會火獵，捕獲的鹿可吸吮其血，再取角剝皮後，割其肉可生食或烤食，或把肉、舌、腎醃製後裝箱賣給華人。鹿的內臟醃漬儲存甕中，稱之「膏蚌鮭」。

此外，或說把鹿肝切成醬後醃漬稱之「膏蚌鮭」，久放之後，聽聞吃了可治「噤口痢」（中醫指不想進飲食的痢疾）。

台灣早年的魚肉醃製產品

台灣在荷蘭、清代的魚肉醃製產品，都是以船運銷往台灣海峽對岸的中國。根據十七世紀《熱蘭遮城日誌》等荷蘭文獻及明鄭資料，當時從台灣賣到中國的魚醃製品主要是烏

◆3
「出草」（台語音chhut-chháu）是台灣才有的漢語詞彙，起源於十七世紀台灣華人稱呼原住民的捕鹿活動。出草看來是台語用法，例如出帆、出港、出海，以及出差、出勤等。那麼「草」是什麼意思？鹿吃草，在草原，應該就是出發前往草原捕鹿的意思。
十九世紀以後，一方面鹿已快被捕光，另一方面漢人侵墾山區原住民地域，雙方經常發生武裝衝突，「出草」語意逐漸轉為野番、生番殺人。
清代台灣方志記載的「出草」，清初指獵鹿，清末指獵人頭。

魚、塗魠（塗鮀、土魠）、鰮魚、魚翅，肉醃製品主要是鹿脯、牛肉乾。▼4

根據《熱蘭遮城日誌》記載，當時台灣撈捕的魚都用在出口，部分低價的魚自己吃。例如常出口 Zeekat（指烏賊或柔魚／魷魚），自己反而都吃澎湖「似烏鰂而厚，可晒乾。小者曰墨斗，味遜」的低價柔魚。

在一六二四年荷蘭人統治台灣之前，已有閩粵沿海漁民前來台灣捕魚，最早只是季節性停留，後來又兼農作，有些逐漸定居下來。從荷蘭時代起，則開始對漁民徵稅，明鄭、清代都跟進。

烏魚

烏魚最有價值的部位是母魚的卵巢，可醃曬做成「烏魚子」。清代台灣方志說：「烏魚其子晒乾，曰烏魚子，味佳」，「子成片，下鹽曬乾，味更佳」，「其子整片下鹽，以石壓之，曬乾，可焙為酒品」。▼5

◆4

如《鄭氏史料續編》卷六〈自順治十五年正月迄九月本〉提到貿易船遇颶風損失的貨品清單有蘇木、胡椒、綿花、象牙、馬蹄錫、藤、檳榔、蝦米、牛肉乾、白米、魚乾等等。

◆5

分別出自清代《臺灣府志》（一六八五年）、《重修臺灣府志》（一七一八年）、《噶瑪蘭廳志》（一八一六年）記載。

烏魚的魚肉，則醃鹽為鹹魚，與烏魚子一起銷往中國。

日本也有烏魚子，而且名列日本三大珍味，日文稱之カラスミ（karasumi，漢字唐墨）。當年荷蘭人並未賣台灣烏魚子到日本，但可推測或有從中國再轉賣到日本。

塗魠

塗魠直到今天都是台南、澎湖名貴的魚，但早年如何販售？

《熱蘭遮城日誌》記載十七世紀南台灣海域的大宗魚獲「國王魚」（荷蘭文 Koningvis，英文 Kingfish），指的就是塗魠，

製作烏魚子（出自 1930-31《日本地理大系．台灣篇》）

其獲利可能不下於烏魚。

清《諸羅縣志》（一七一七年）說：「塗鮀，形類馬鮫而大，重者二十餘斤，無鱗，味甚美。自十月至清明，漁者多獲之，醃入內地。」

清《澎湖廳志》（一八七八年）也記載「塗魠，黑色無鱗，重者四、五十斤。初冬出，仲春止，味甚甘美，以草繩密紮，鹹之載販內地」，並提及澎湖物產「鹹魚，鹹土魠尤佳」。

由此可見，塗魠早年是整尾醃鹽為鹹魚，被認為是最好的鹹魚，大批運到中國販售。

鰮魚

台語俗稱「鰮仔魚」（**un-á-hî**）、「青鱗魚」，即今所稱「沙丁魚」，為全球產量高的經濟性魚種。

明末陳第《東番記》（一六〇三年）提及有福建漁民前來台灣捕「溫魚」，看來文中的溫魚就是鰮魚。

根據荷蘭《熱蘭遮城日誌》的紀錄，在二至四月從台南以南捕獲很多「小魚」，與烏魚、塗魠運送中國，推斷就是鰮魚。

台灣清初《臺灣府志》（一六八五年）說：「鰮魚，此魚每于夏秋群聚，乘潮而至，澎湖極多。竹葉鰮似鰮差長，色青。」

鰮魚是趨光性魚種，清代文獻記載早年台南台江內海，北台灣沿海有「魚火」，以火來吸引趨光性魚種入網，其中有大量鰮魚。今天新北金山沿海傳統的「蹦火仔」（磺火）漁法，捕獲最多的就是青鱗魚。

現在沙丁魚常見做成罐頭，早年如何處理？

清代台灣方志都說：「鰮魚，可醃作鮭。」清代《廈門志》（一八三二年）在關稅科則的食類中，列有「鰮鮭」一項，表示台灣出口的鰮鮭要先運到廈門海關

捕魚去（金山蹦火仔）

抽稅，然後再出口，因當時台灣尚未開港沒有海關。

魚翅

台灣早年就出產鯊魚翅，根據荷蘭文獻記載，當時台南華人到下淡水（今高屏溪出海口）捕鯊魚製作魚翅。[6]

台灣產製的魚翅大都運往中國江蘇、浙江販售。清黃叔璥《臺海使槎錄》（一七二四年）〈赤嵌筆談〉記載：「海船，多漳、泉商賈……或載糖、靛、魚翅至上海，小艇撥運姑蘇行市；船回則載布疋、紗緞、枲棉、涼煖帽子、牛油、金腿、包酒、惠泉酒。」

清朱仕玠《小琉球漫誌》（一七六五年）記載：「鯊魚翅，出南路崁頂（今屏東縣崁頂鄉）及澎湖，每歲十一月，漁人取之，率載海舶，往江、浙貨賣。」

鹿脯

十七世紀初的台灣，可能是全世界梅花鹿（台灣特有亞種）最多的地方，平原上都是梅花鹿，海拔高的地方還有水鹿，捕鹿是原住民

◆ 6
《熱蘭遮城日誌》第二冊（一六四六年五月三十一日）：一艘小篷船從淡水（應指下淡水，也就是今天高屏溪出口沿海）抵達臺南，搭載有五頭活豬、兩千斤薪柴，以及一千八百斤鯊魚（hayen）。（《日誌》中提到的鯊魚通常是指（鯊）魚翅。）

1662.	Aan Goud, omtrent	600	1663.
	- - Kleene verouderde Bloed-Koraalen inkoops, gekost hebbende 300 Ryxdaalders a 60 stuyvers.	900	
	Eenige Kassen en Vaatjens Barnsteen, weerd	50000	
	Contanten, 40000 Ryxdaalders a 60 stuyvers.	120000	
	Aan andere grove Waaren, en Koopmanschappen, in de Pakhuyzen, ontrent drie Tonnen Gouds.	300000	
		471500	

De ware redenen van Formosa's verlies.

Uit welke beschryving men dan klaar ziet, dat Formosa allereerst door den bitteren haat van den Heer *Verburg* tegen den Heer *Coyett*, door zyn en *van der Laans* valsche en al te licht by haar Edelheden voor waarachtig aangenomene berichten, en door de dubble trouwlooze verlating van de Heeren *Klenk*, en *Caeuw*, schandelyk verwaarloost, en ook daar door wel voornamelyk verloren is: want hadden die twee laatste daar gebleven, en hun pligt betragt, het zou nog zoo licht niet overgegaan hebben.

Hoe men met den Heer Coyett gehandeld heeft.

Wat schandelyk Pleydoy men naderhand dezen dapperen Heer, en eenige Leden van zynen Raad, daar over aangedaan, wat voor een wonderlyken eisch de Advocaat Fiscaal *Philibert Vernatti* daar over opgesteld, en wat schande men hem verder daar over doen lyden heeft, ziet men aldaar mede wydloopig nedersteld.

Hy wierd niet alleen, zoo ras hy op Batavia quam, gevangen gezet, maar, na 't aandoen van veel andere smaadheden, volgens de overgekomene berigten, op 't Schavot gebragt, 't Zwaard hem door den Scherprechter over 't Hoofd geslagen, en hy na Rosingeyn in Banda voor zyn leven den 11 Juny Ao. 1665, na een gevankenis van 3 jaaren, gebannen; dog alwaar hy op Poelo Ay gewoont heeft, daar ik het huisje, waar in zich die wakkere man tot Ao. 1674. onthield, gezien heb, hoewel hy toen, op de bede van zyn kinderen en vrienden by den Heere Prince van Orangie, en op zyn Hoogheids voorspraak by de Heeren Bewindhebberen op zekere voorwaarden, daar al mede te zien, uit zyne gevankenis ontslagen, en na het Vaderland vertrokken is.

Die Ao. 1674. van zyn bannissement ontslagen wierd.

En aldus is de E. Maatschappy die schoone Landvoogdy zoo schandelyk, zoo schendig, en trouwloos, na dat zy die 37 jaaren bezeten had, quyt geraakt.

Hoe lang Formosa by ons bezeten is.

Hoe wy naderhand, by twee Tochten van den Heer *Bort* Ao. 1662. en Ao. 1663. getragt hebben Formosa weder te krygen, en den Tartar te bewegen, om *Coxinja* met onze hulp daar weer uit te jagen; en hoe men ons maar om den Thuyn leidde, en de Tartar daar na met de zynen verdragen is, hebben wy onder de stoffe van Tsjina ten deele vertoond.

Hoe 't verder met Coxinja afliep.

Coxinja heeft ook, zoo men wil, niet vangen kregen, en dat hy, vreezende, dat zy hem dingen, die hy niet geern wilde, zouden hebben doen bekennen, eerst zyn tong, en, op dat zy hem niet zouden dwingen te schryven, daar na ook zyne voorste vingeren afgebeten, en kort 'er aan een elendig einde gehad heeft.

Zyn Zoon, *Kimpsia*, of *Sepoan*, verzogt daar na de Tartars om Vrede, dog wierd afgeslagen, alzoo hy in Tayouan, mitsgaders in Aymuy, en Quemuy, een Regeering op zich zelven verzogt te behouden, mits schatting aan hen betalende, en hun hair afsnydende, dat hem egter van de Tartars geweygert, gelyk hy door hen ook eenigen tyd daar na vervolgd, maar eindelyk nog met hen verdragen is.

Van wat aangelegenheid deze aanzienelyke Landvoogdy voor de E. Maatschappy, en hoe groot by gevolg hare schade geweest is, zou men eenigzins konnen gissen, als men maar eens mogt naspeuren met hoe zware Hoofdzommen 'er van daar op Japan, en van Japan op Tayouan gehandeld is; behalven dat het wonderlyk wel gelegen was, om den Handel der Spaanschen, en Portugeezen op Japan en Tsjina te bederven, en uit te roeyen.

Groote aangelegenheid van Formosa.

Om nu hier te gelyk eenige opening van de Waaren, die hier vielen, of ook wel getrokken waren, te geven, zullen wy daar af zeggen, 't geen ons bekend is.

De Waaren, hier vallende, zyn deze.

Waaren, hier vallende.

Hennepe Lywaden.
Ruwe Zyde.
Geconfyte Gember.
Witte Gilams.
Roode dito.
Witte Zuyker.
Bruyne dito.
Ryst.
Harte-vellen.
Elands-huyden.
Koeyen dito.
Buffels dito.
Steen-Bokken-vellen.

鹿皮
黃牛水牛皮

Waaren, hier getrokken.

En hier getrokken.

Barnsteen.
Peper.
Koraal.
Ryxdaalders van Achten.
Veelerley Kleeden in soorten, &c.

Vermits wy nu overal een Lyst der Landvoogden bygevoegd hebben, kon-

荷語的 F. Valentyn《新舊東印度公司志》〈台灣志〉提到台灣出口黃牛、水牛皮，不僅有一般熟悉的鹿皮交易。

取得肉食的主要來源。

但荷蘭人到台灣後，馬上就看到鹿的經濟價值：鹿皮可賣到日本（日本武士喜歡鹿皮的戰袍背心），鹿脯、鹿鞭則賣到中國。

為了出產大量的鹿皮、鹿脯，荷蘭先是鼓勵原住民捕鹿，甚至強迫用鹿皮繳稅，後來更讓招攬來的華人加入捕鹿行列。

當時，在台南熱蘭遮城外的華人街道兩旁，很多華人掛著醃鹿肉風乾，荷蘭人還公告禁止，以免影響鄰近住家和行人走路，並因散發臭氣引起疾病。

荷蘭之後的明鄭、清代，都繼續捕鹿，直到清代中期以後鹿逐漸消失。

當時台灣也出產少量的牛肉乾、牛皮。根據荷蘭文獻記載，直到明鄭時代還有出口。

日本引進的醃晒魚製法

從日本引進台灣的醃晒魚製法，最有名的是「鰹節」，以及「一夜干」。

鰹節

日本人發明的「鰹節」製法，使用鰹魚（日文かつお，羅馬字 **Katsuo**，漢字鰹）腹部

後方的肉，經由煮熟、燻乾、長霉、曬乾等繁複的過程製成，成為美味又能長期保存的魚乾製品。

中國文獻記載這種食物，稱之「佳蘇魚」，但不明其意。清嘉慶五年（一八〇〇年）李鼎元《使琉球記》記載，他在琉球時，因連日吃海產而腹瀉，就叫廚師做些清淡的菜，結果廚師拿出「佳蘇魚」。他看此物「長五、六寸許，形如梭、質如枯木……切片如鉋花」，好奇問「佳蘇」之名由來，但沒有答案。

最後猜測：「此品在敝國既多且美，自王官以及貧民皆得食」，有如「家常蔬菜」，簡稱「家蔬」。

其實，「佳蘇」就是鰹魚日文かつお（Katsuo）的音譯。

由於「鰹節」非常堅硬，必須刨片才能吃，所以台語稱之「柴魚」。

台灣在日本時代有很多柴魚工廠，雖然戰後不復以往，但其製法已流傳台灣。

一夜干

日本有一種魚乾做法「一夜干し」（いちやぼし，ichiyaboshi），大概從二〇〇〇年開始在台灣流行至今，稱之「一夜干」。

一夜干（干是乾的簡寫）源自於日本北海道，顧名思義就是只有一夜的乾燥，所以不是以重鹽做成鹹魚，也不是長時間日曬、風乾做成魚乾，而是要讓魚因減少一些水分而濃縮了肉汁，如此不失新鮮而肉更香濃。

一夜干的傳統做法，魚醃薄鹽後掛在屋外，經過一夜的風乾，以及隔天的日照而成，所以需要夠冷的環境，魚才不能變質。

在日本，以野生竹筴魚「マアジ」（māji）做成的一夜干是上品。在台灣，常見使用台灣養殖的午魚來製作。

現在可以冷藏、冷凍保鮮，為什麼一夜干還會受歡迎？

滿源魚舖主人、鹹魚職人劉祖源說，現今低溫物流發達，但一夜干仍有一席之地，就是因為一夜干比鮮魚抹鹽直接料理更有風味，來自魚肉酵素與蛋白質的作用，加上時間催化所產生的複雜鮮味。

食補

何謂食補？補指添足所缺少的，用在身體就是滋養身體。食補相對於藥補，食補是以食物來滋養身體，藥補是以藥物來調理身體。中國傳統醫療觀念是「藥補不如食補」，因為只有食物才能提供人體所需要的營養，以增加抗抵力，預防勝於治療。

不過，中醫也有「藥食同源」的理論，有些食物可以藥用，有些藥物也可以食用。衛福部中醫藥司已公布兩百多種「可同時提供食品使用之中藥材」，包括常見的菊花、蓮子、百合、紅棗、枸杞、山楂、山藥、銀耳、龍眼肉等。

總之，食補不是吃藥，而是吃營養或有藥性甚至珍貴的食物，所以很受民眾歡迎。台語的「食補」有兩種發音：一是名詞 sit-póo，指以營養的食物滋養身體；一是 **tsiah-póo**，就是進補、吃補品的意思。

台灣原住民的食補

台灣原住民傳統的狩獵的文化，獵物包括鹿、豬、羌、狸、猴等，早年鹿肉是主要肉食來源，直到清代中期以後鹿逐漸消失。

美國歷史學者 **Tonio Andrade**（歐陽泰）認為，十七世紀南台灣原住民西拉雅族男人長得比荷蘭人高大許多，應該與經常食用鹿肉有關。▼1

當年荷蘭男人的身高不像今天，一般只有約一六八公分，而西拉雅人比荷蘭人高半個頭，約有一七六公分。

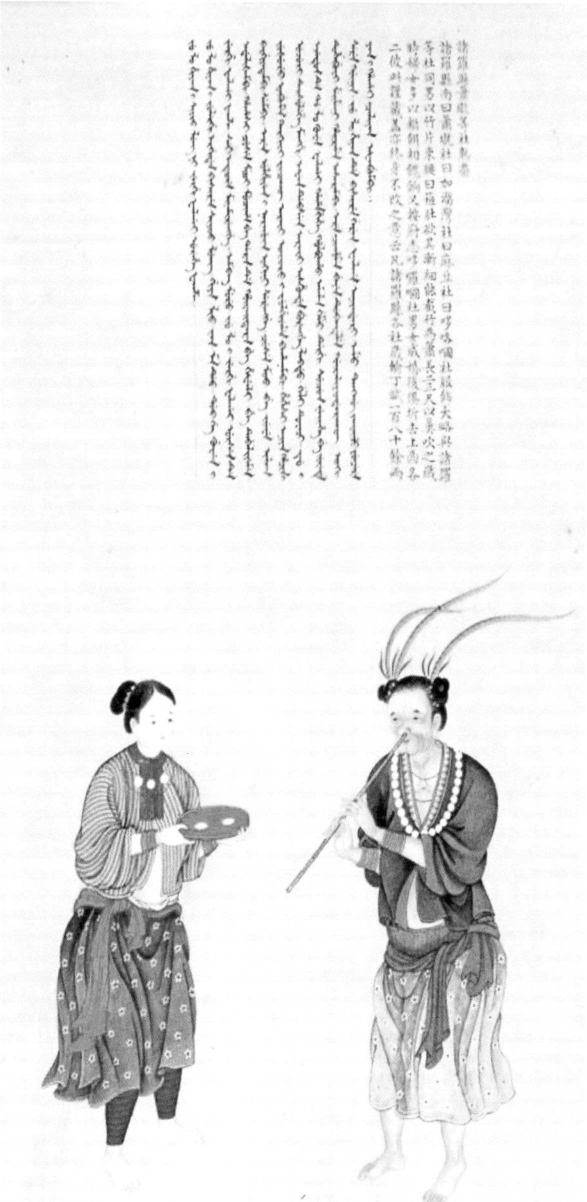

諸羅縣蕭壠社熟番

◆1
見Tonio Andrade的博士論文：How Taiwan Became Chinese:Dutch, Spanish, and Han Colonization in the Seventeenth Century.

清代台灣方志記載，原住民捕獲鹿之後，除了吮血、食肉，還會把鹿的「臟腑醃藏甕中」，稱之「膏蚌鮭」。

《諸羅縣志》（一七一七年）則說：「細切鹿肝為醢，名膏蚌鮭，藏久，云可愈噤口痢。」這就是說，把鹿肝切成醬後醃漬，久放之後，聽聞吃了可治「噤口痢」，就是中醫所說不想進食的痢疾。

華人視動物內臟為補品，大概也以此觀點來看原住民的醃內臟食物吧。

清代西拉雅人

台灣華人傳統食補文化

華人飲食文化受中醫影響，中醫的食補有兩大學說：

以臟補臟：吃動物內臟可補人類內臟，例如：吃腦補腦、吃肝補肝、吃腎補腎、吃眼補眼，以及吃鞭壯陽等。因此，華人飲食文化以為動物的內臟比肉營養，所以早年養豬在沒有抗生素、荷爾蒙殘留問題之前，內臟的價格比肉貴。

台語俗諺說：「見頭三分補」、「見頭三分參」，只要是頭，吃了就有人參十分之三的功效。

另說：「一鹿九鞭」，比喻假貨多，可見鹿鞭搶手。

此外，還有「以形補形」的說法。例如：吃核桃補大腦，因為核桃形似人腦。吃番茄補心臟，因為番茄的顏色和外形都像人類的心臟，切開也有四個腔室。

食物屬性：食物有寒、涼、溫、熱、平五種性質，看對身體之利弊來選擇食用。

如果身體虛弱、畏寒，或是為了預防、抵禦寒冷的氣候，那麼就應該忌食涼性、寒性食物，可吃溫性、熱性的營養食物來補元氣，稱之「補陽」。反過來說，則稱之「補陰」。

吃補的烹飪方法，最常見的是「燖補」（台語音 tīm-póo），即燉補，以文火慢煮滋補食物，常再加中藥材。

台灣食補三寶

在「四臣」、「八珍」、「十全」等中藥材配方之外，薑母、麻油、米酒是台灣食補最常見用來搭配肉類的材料，「薑母鴨」、「麻油雞」、「燒酒雞」就標示了台灣食補三寶。薑母、麻油、米酒大都三合一，先在鍋中倒入麻油，以小火將薑片爆香，再加入肉類及米酒。台灣網友戲稱台灣人進補過冬的「歲寒三友」：「麻油雞」、「薑母鴨」、「羊肉爐」，薑母、麻油、米酒三者不可或缺。

台灣有名的「三杯雞」、「三杯中卷」等「三杯料理」，與醬油並列的另兩杯是麻油和米酒，在爆炒料中也有薑母。

薑母：台語的「薑母」就是老薑，客家語則稱薑為「薑嫲」（kiong-ma），老薑就是「老薑嫲」。

清《臺灣府志》（一六八五年）說：「薑，三、四月種，五、六月發紫芽，纖嫩如指，名子薑，隔年者，名母薑。」清《淡水廳志》（一八七一年）說：「薑，春種夏熟，初生嫩而尖曰紫薑，亦名水薑，老薑曰薑母。」文中的「紫薑」是「茈薑」（台語音 **tsinn-kiunn**），即嫩薑。

清《諸羅縣志》（一七一七年）引用東漢《說文解字》說：「薑作𧅼，禦濕之菜也。」

由此可見，薑母在食補的重要角色。

麻油：麻油是芝麻油的簡稱，台灣從荷蘭時代就開始種植、生產優質麻油。根據荷蘭文獻，當時種植 moa，即台語發音的「麻」。

清《臺灣府志》（一六八五年）說：「油有脂麻油，有萆麻油。」清《鳳山縣志》（一七二〇年）說：「油有脂麻油、蓖麻油、菜油、落花生油四種。麻油勝於內地。」脂麻油就是食用的芝麻油，蓖麻油可製糖用或做潤滑劑。

米酒：台灣華人自古就有製造「燒酒」（蒸餾酒）的傳統，「台灣米酒」指日本時代量產的「紅標米酒」，以蓬萊米（粳米）為原料製造蒸餾酒，再加糖蜜酒精而成，酒精濃度較高，有別於中國黃氣和日本清酒的釀造米酒。

米酒是台灣料理很重要的調味料，在食補上用量更大，甚至完全以米酒代水。

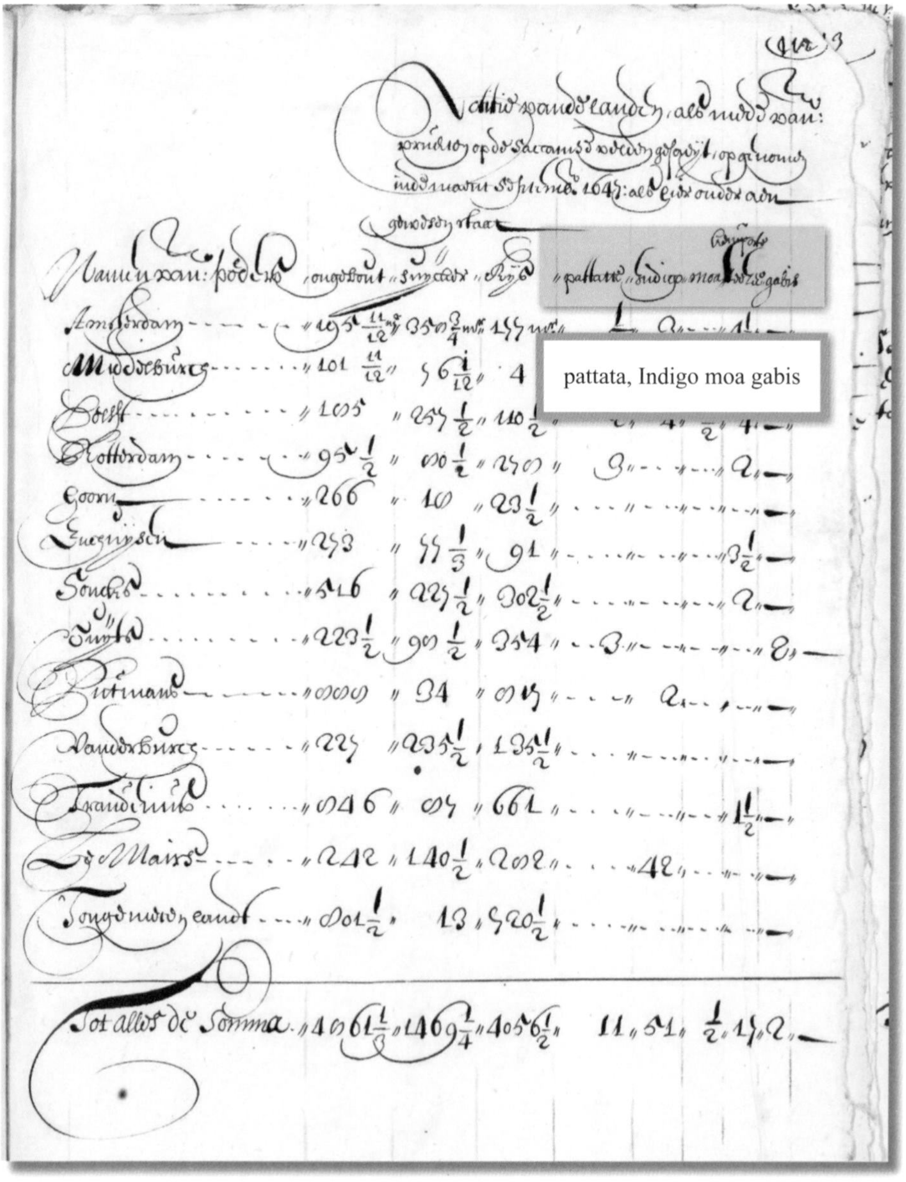

一六四七年，赤崁耕地冊記載當時已種植 moa（麻）。

傳統四大食補

台灣人平時就愛吃補，春夏補陰，秋冬補陽。因此，有台語俗諺說：「食苦當做食補」，比喻苦中作樂。近年台灣漁市場流行海產拍賣，有賣家在賣魚頭時說：「見頭三分補，無補真艱苦。」

當然，在特定時令、青少年成長期，或是生產、生病時，更需要加強版的食補。

補冬（póo-tang）

冬令進補，台灣北部人在「立冬」、南部人在「冬節」（冬至）這天吃補，以增強禦寒的體力。

補冬一般食用羊肉、番鴨等肉類，可加酒、中藥材燉湯，另外也吃以糯米、桂圓、糖、酒蒸的米糕。

不過有句台語俗諺說：「補冬補喙空。」這是嘲諷的話，說是冬令進補，其實就是愛吃。

做月內（tsò-gue̍h-lāi）

坐月子，婦女產後一個月內的休養，飲食忌生冷，食補非常重要。

最常見的補品是麻油雞（麻油雞酒），早年常見吃掉二、三十隻雞。在醫藥不發達的時代，有句台語俗諺說：「生贏雞酒芳，生輸四片枋。」（芳音phang，香；枋音pang，木板）生產成功可享用美味又滋補的麻油雞，生產失敗就會死亡躺進棺材。

轉大人（tńg-tuā-lâng）

青春期身體開始發育成熟，又稱「轉骨」，體格將轉變為成人，所以需要吃補以幫助發育。

發育的食補，早年常見以公雞（台語稱雞鵤，**ke-kak**）和中藥材燉湯，另外也吃「四臣湯」（四神湯）以促進食欲。

手術（tshiú-su̍t）

「手術」一詞源自日語，一般也稱住院「開刀」。因為醫院不提供食補，所以早年常見有人帶補品去醫院探視開刀的親友。

開刀後的食補，最常見的是「鱸魚湯」或「鮸魚湯」。台灣的鱸魚、鮸魚兩種海魚，

因肉質軟嫩Q彈，魚皮富含膠質，一般認為有助開刀傷口的癒合，所以稱之「開刀魚」。▼2

從食補到養生

隨著台灣民生富裕，早已沒有營養不良的問題，再加上醫學知識的普及，「食補」轉為「養生」（台語音 ióng-sing），講求食物的安全與營養的均衡，才能真正達到保養身體的目標。

如此，早年食補的功效都要經過現代營養學的檢驗，食物也不特別強調魚肉，並擴及素食（蔬食），發展更健康的飲食文化。

◆2
台語鱠魚、鱠仔魚（kuè-á-hî/kè-á-hî），被歸類石斑魚一種。在清代台灣文獻，石斑魚稱之「鱖」或「鱠」，後來被寫成諧音的「鱠」、「過」、「郭」。

吃◦辣◦

辣椒（Capsicum annuum）原產於熱帶中南美洲，十五世紀末由西班牙人帶回歐洲，十六世紀傳到東南亞，再傳到東亞，最初只是藥用或觀賞用，後來成為重要的辛香調味料。

辣椒的辣椒素（又稱辣椒鹼，Capsaicin）具有強大的刺激性，但並不是只有舌頭的味蕾才能感受到的「味覺」，而是因其化學物質刺激了細胞，產生在身體所有神經部位都能感受到的「痛覺」，例如會讓皮膚有灼燒感。

此外，辣椒素因刺激身體的神經細胞，讓大腦誤以為體溫升高，因此開啟身體的自我保護機制，產生出汗、呼吸急促甚至噁心想吐的症狀。不過對嗜辣的人來說，吃辣吃到滿頭大汗，感覺非常痛快。

十九世紀末《科勒藥用植物》中收錄的辣椒繪圖

辣椒傳到台灣

辣椒傳到台灣稱之「番薑」，辣椒是外來植物，吃起來有薑的刺激味道，稱之「番薑」合乎命名慣例。[1]

清代台灣方志指辣椒「種出荷蘭」、「種出咬留吧」（印尼雅加達），但根據荷蘭文獻，當時台灣大量種植「薑」（荷蘭文Gember），並沒有華人所稱的「番薑」（辣椒）。

以此來看，辣椒可能在荷蘭人之前就已傳到台灣。「種出荷蘭」或可解釋為來自東南亞，未必是荷蘭人引進栽種。

其實，西班牙人一五七〇年代就已經在菲律賓馬尼拉建立勢力，一六三五年就把菲律賓列入管轄。當時，中國閩粵的漳、泉、潮州人往來東南亞、台灣，可能已經把辣椒從菲律賓傳到台灣、中國。

清乾隆范咸《重修臺灣府志》（一七四七年）說：「番薑，木本，種自荷蘭，開花白瓣，綠實尖長，熟時，朱紅奪目。中有子辛辣，番人帶殼啖之。」

◆1
台語形容番薑的味道hiam，日本時代《臺日大辭典》的用字是「辛」，教育部《臺灣閩南語常用詞辭典》的用字是「薟」，根據晉朝辭書《字林》，「薟」指有辛味的水中野韭。今辣椒的台語名稱有「番薑仔」、「番仔薑」、「薟薑仔」、「薟椒仔」。

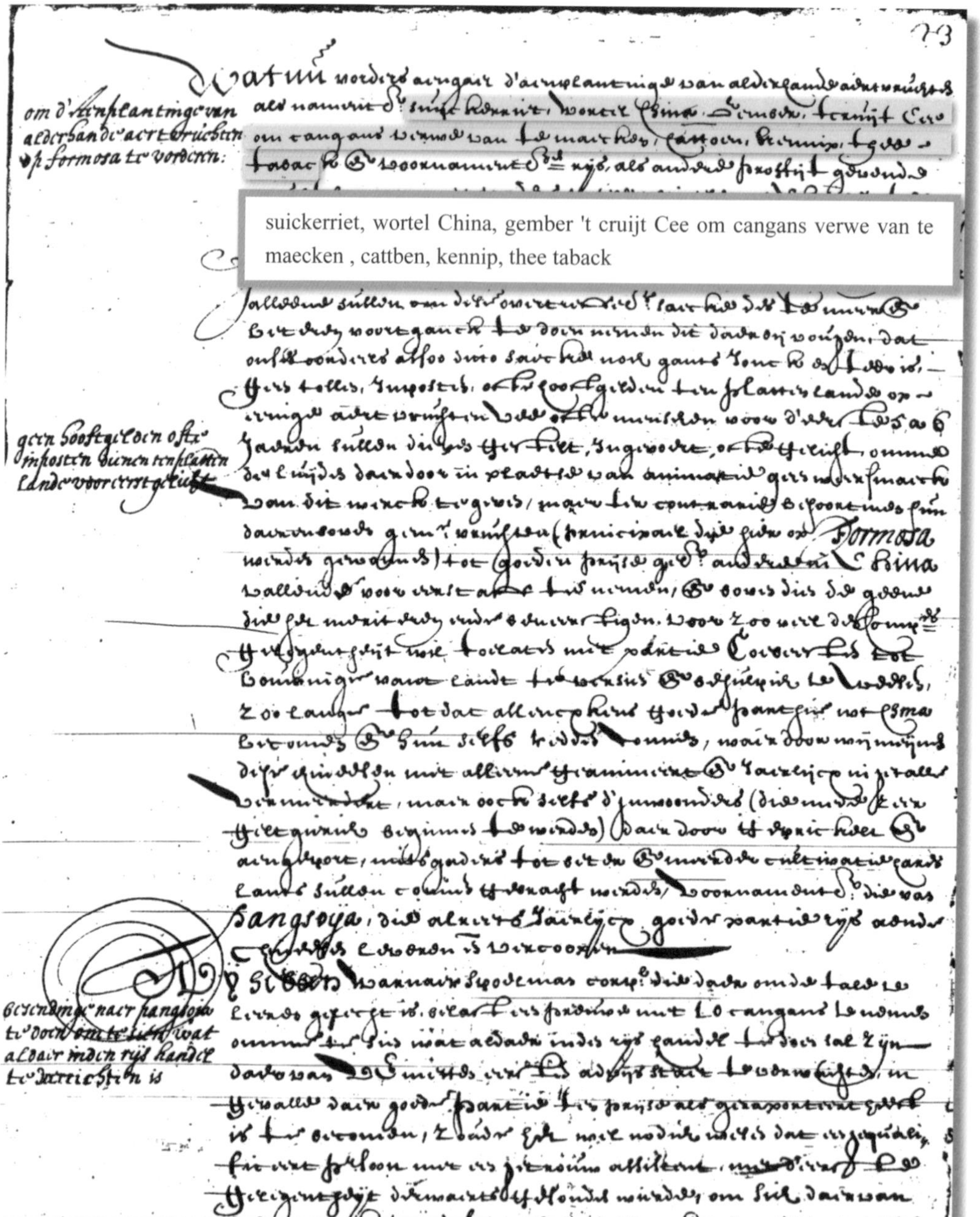

一六三九年五月十六日的荷蘭《熱蘭遮城決議錄》記載台灣大量種植薑（gember）。另提及種有甘蔗（suickerriet）、土茯苓（wortel China）、小菁（'t cruijt Cee）、染布顏料用的植物（om cangans verwe）、棉花（cattben）、麻（kennip）、茶（thee）、煙草（taback）。其中棉花種植失敗。

清道光《噶瑪蘭廳志》（一八五二年）說：「番薑，花白瓣綠，熟時朱紅，中有子辛辣，更有實圓尖小者，種出咬留吧。曬乾可作辣醬，禦濕之菜也。」

以此來看，台灣原住民會生吃辣椒，辣椒除了生吃，也可曬乾做辣醬，具有中醫「散寒燥濕」的功效。

辣椒傳到中國

辣椒傳到中國則稱之「番椒」，這是與中國原產的花椒、早已引進的胡椒對比的命名。明崇禎姚可成《食物本草》（一六四三年）記載其藥效：「消宿食，解結氣，開胃口，辟邪惡，殺腥氣諸毒。」

「番椒」之名為何變成「辣椒」？中文本來稱辣為「辛」，東漢末年的俗語詞辭書《通俗文》說「辛甚曰辣」，可見「辣椒」之名有所根據。在中國，辣椒比本來的花椒、胡椒更辣，後來成為用量最大的辛香料。

就辣椒的食用而言，雖然最早傳入台灣、福建，但其辣味似乎未受喜愛，因此並不普遍，後來傳到貴州、四川、湖南，卻廣受歡迎，在清乾隆之後逐漸發展成為當地料理特色。

日本人不大吃辣

日文稱辣椒為「唐辛子」（トウガラシ，tōgarashi），「唐」是中國，看來是從中國傳入，但「唐」也可指外國，所以辣椒未必經中國傳到日本。

在南亞、東南亞、東北亞的國家中，日本相對較不吃辣。日本料理一般講求清淡，較少以辣椒直接入菜。日本料理餐廳桌上常見的調味佐料「七味粉」、「柚子胡椒」，辣椒粉的量不多。日本食品標示「辛」、「激辛」，其實也不算辣。

印度咖哩本來是辣味，但日本人加了果泥（蘋果泥）、降低辣度，變成甜味的「日式咖哩」。

日本人為什麼不大吃辣？一般認為，在傳統上很多日本人認為吃太辣對身體不好。因此，日本料理雖然對台灣飲食文化影響很大，但有山葵（ワサビ，wasabi）卻沒有辣椒。

在日本文獻中，也很少提到台灣人吃辣，不過在台灣料理中有一道「紅燒魚」，在作料中加了「番薑」（唐辛子）。

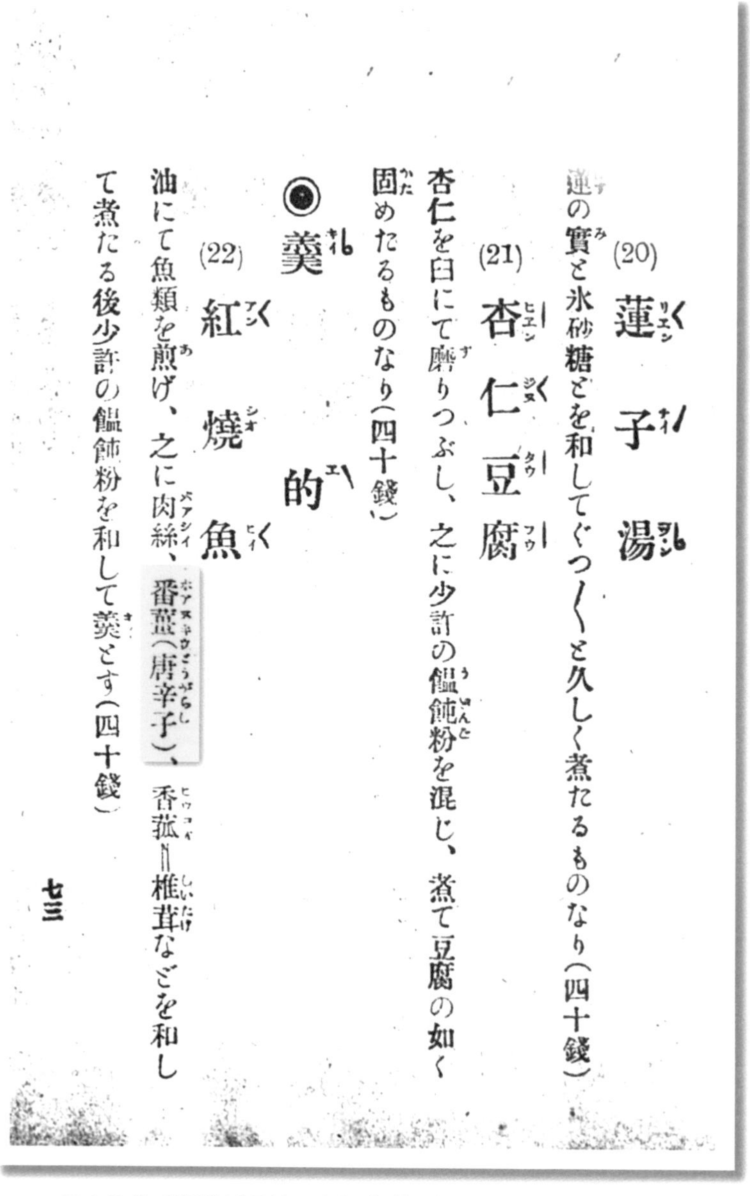
(20) 蓮子湯
蓮の實と氷砂糖とを和してぐつ〳〵と久しく煮たるものなり(四十錢)
(21) 杏仁豆腐
杏仁を臼にて磨りつぶし、之に少許の饂飩粉を混じ、煮て豆腐の如く固めたるものなり(四十錢)
◉羹的
(22) 紅燒魚
油にて魚類を煎げ、之に肉絲、番薑(唐辛子)、香菰＝椎茸などを和して煮たる後少許の饂飩粉を和して羹とす(四十錢)
七三

日本時代「臺灣料理法」中記載「紅燒魚」食材中有辣椒。

吃辣不孝之說

台灣從古早到日本時代，雖然有人吃辣，但並不普遍，或說煮菜可能會用辣椒，但不是主要味道。

台灣民間有吃辣不孝之說，雖然不常聽聞，但此說不知從而何來？讓人好奇。

吃辣為何不孝？有以下兩種說法：

第一、吃辣會讓人變得心腸毒辣、心狠手辣，對父母不孝。此說顯然迷信，但有人視吃辣為禁忌。

第二、吃太辣會傷身，尤其傷眼睛，而古人說「身體髮膚，受之父母，不敢毀傷，孝之始也」，故吃辣不孝。

此外，佛教的五辛（五葷菜）之說，吃了會「福德日銷」，恐下地獄，如此也是不孝。然而，五辛是葱、蒜、韭的葱屬植物，辣椒並不在其中，或許被民間信仰擴大解釋。

戰後吃辣風潮

戰後，中國各省軍民大量移民台灣，豐富了台灣的飲食文化，其中以辣為特色的四川菜、湖南菜，帶動吃辣風潮，吸引了很多本來不太吃辣的台灣人。

台灣人早年吃三層肉、白斬雞，一般都沾蒜蓉醬油，此後多了生辣椒醬油。

四川菜的麻辣

四川菜以「麻辣」著稱，即花椒加辣椒，如果再加胡椒就成「三椒」，此外四川人還在台灣製造辣的豆瓣醬。因此，台灣出現工廠量產的辣椒醬、辣椒油、辣豆瓣醬等，並深入一般家庭。

在台灣，著名的川菜有擔擔麵、麻婆豆腐、宮保雞丁、豆瓣鯉魚等，特別是發明了「川味紅燒牛肉麵」，一直盛行至今，甚至受到國際觀光客的喜愛。

一九八〇年代，台灣開始流行麻辣火鍋，有人還特別去四川重慶考察。後來，在台灣形成「麻辣鍋文化」，夏天在冷氣房照吃不誤，有的店家還全年無休，並出現麻辣鍋拉麵、麻辣鍋速食麵、麻辣燙小吃等，可謂全民風靡。

東南亞料理的甜酸辣

戰後，台灣隨著經濟發展、民生富裕，開始出現很多異國餐廳，風靡全球的泰國菜，在台灣也很受歡迎。

台灣在一九七〇年代末開始有東南亞新移民女性（外籍配偶），其中以越南籍最多，到了一九九〇年代，台灣各地出現很多越南小吃攤店，有的還融入台灣小吃成為「越台小吃」。

此外，台灣還有很多印尼籍的配偶和移工，所以也有以辛辣著稱的印尼小吃攤店。東南洋的辣味料理，加了新鮮檸檬汁，呈現甜酸辣的特色，尤其加了椰漿，極具風味。

剝皮辣椒

醃漬的辣椒（泡椒），在全世界以醃漬墨西哥辣椒（Pickled Jalapeno）最為有名，辣中帶酸，常見用在漢堡、披薩、墨西哥玉米片等。

四川菜中也有使用泡椒，但不太普遍，所以有人會自製泡椒。

一九九〇年代，台灣人以常用的醬油醃漬法，發明了「剝皮辣椒」，就是把新鮮青辣椒先油炸、剝皮、去籽後，再以醬油、糖、水等醃漬，吃起來香辣有脆感。

後來，剝皮辣椒繼續發展，已經工廠量產，並有廠牌競爭，除了有青、紅剝皮辣椒，還有麻油、茶油等口味的剝皮辣椒。

怎麼吃的台灣史

下卷

古早帆船的飲食

在十九世紀中蒸氣輪船（Steamboat）發明並普及之前，早年歐洲人、華人前來台灣的航海工具都是帆船，依靠季風和海流航行，航行時間很長，又沒有冷藏設備，在船上要吃什麼？喝什麼？

大航海時代的台灣

在大航海時代（十五至十七世紀），歐洲人最早前往亞洲的航線，都是沿著大西洋東海岸南下，繞過非洲好望角到達印

度洋，再沿著海岸到達東南亞，需要四個月至半年，有時因氣候等因素甚至需要有九個月以上。

一五六五年，西班牙人另闢太平洋航線，從美洲殖民地墨西哥阿卡普科（Acapulco）出發，順著北緯十五度的北赤道洋流，由東向西橫渡太平洋到達東南亞，需要約三個月。

荷蘭加利恩帆船 Mauritius（1600 年）

荷蘭、西班牙統治台灣時期（一六二四至六二年），荷蘭帆船從亞洲總部印尼雅加達到台南大約需要半個多月，西班牙帆船從亞洲總部菲律賓馬尼拉到基隆也要費時一星期左右。

當時最大的越洋帆船：加利恩帆船（Galleon），最多可搭乘三百人，所以需要準備大量的食物和飲料。由於缺乏生鮮的肉類、蔬菜和水果，加上衛生條件不好，所以常有乘客腹瀉、罹患壞血病。

加利恩帆船的伙食與飲酒

根據荷蘭檔案，每艘船有固定的菜單，以便統一採購和攜帶，由於食物可能腐爛，所以還要處理。主食是米飯、麵包，麵包因久放早已風乾。肉類主要是鹽漬、晒乾的魚、豬肉、牛肉，以及油脂肪。奶類主要是奶油和起司。蔬菜主要是豌豆[1]，以及酸菜。水果主要是醃漬的李子。[2]

◆1
豌豆可以分為軟莢豌豆（豆莢可食）及硬莢豌豆（只取豆仁）兩種，軟莢豌豆在清代台灣方志稱之「荷蘭豆」。清雍正擔任台灣知府的尹士俍在《台灣志略》（一七三八年）中說：「荷蘭豆如豌豆，然角粒脆嫩，清香可餐。」
把豌豆曬乾是儲存豌豆的方法。荷蘭船上的豌豆，放久了會自然風乾，吃時要先泡水軟化。
根據現代營養學研究，豌豆含有抗菌、消炎的物質，並比一般蔬菜含有更多的膳食纖維，可清腸、預防便祕。

◆2
參見：http://www.historien.nl/scheepsvoedsel-in-de-zeventiende-eeuw-woensdag-weetje/?fbclid=IwAR2rXvUs6PmsIkOyBeEvpsTbuCBdKu0REv_bE5j-HRH8elS8DCS7npSM03s

早餐通常是粥類（荷文gortepap，英文porridge），配奶油、李子等。午餐是熱食，有米飯、麵包、豌豆、鹹魚、鹹肉。晚餐則吃午餐的剩菜。另外還有零食，主要是餅乾、起司、酸菜、芥末。

不過，住在船上大桅後艙的官員、貴客，則享有特別的食物，包括蜂蜜、糖漿、火腿、葡萄乾及各種香料。有時，船桅樓層的小平台，還會種植蔬菜，飼養雞、豬、羊，提供一些生鮮食物給他們享用。儘管如此，這些官員、貴客還是會因食物問題而罹病，但一趟航

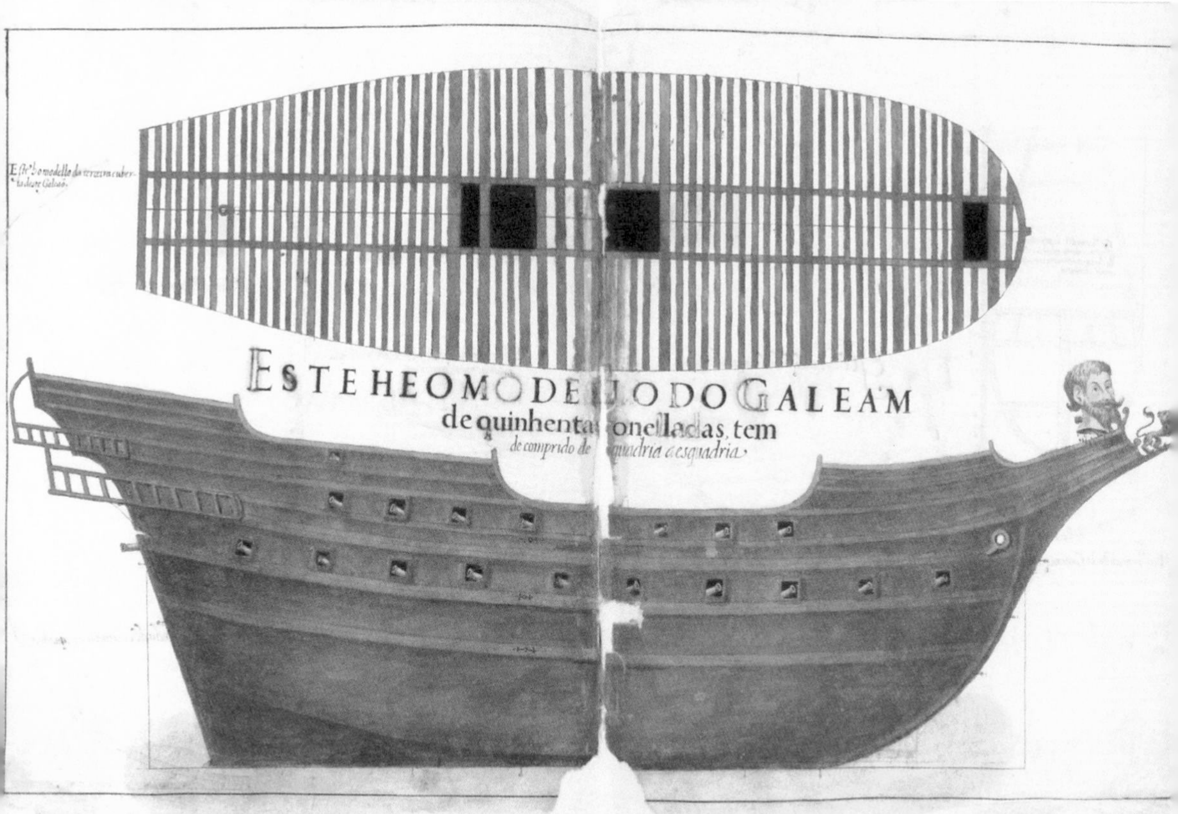

葡萄牙加利恩帆船工程製圖

行的存活率還是高於一般船員和乘客。

船上的飲料，除了飲水，還有酒類，主要是啤酒、葡萄酒，以及荷蘭琴酒（jenever）等烈酒。為什麼要準備大量的酒？因為喝酒除了可以替代飲水，也可以祛寒、放鬆心情，甚至被認為可以預防傳染病。

船上提供給乘客的酒類，會依不同酒的保存期限來發放，最先是啤酒，再來是葡萄酒，快要抵達港口的前幾天才發放烈酒，因為烈酒的存量最少，也防有人喝醉鬧事。

船上的飲水非常重要，在長時間的航行中，如果缺水，船員會發生脫水現象，如果沒有適時補給而繼續航行，常造成船員自殺，甚至叛變。

因此，一艘越洋航行的大帆船，如果滿載三百人，大概要準備兩萬五千公斤的麵包、一萬五千公斤的肉類、五千公斤的豌豆，以及兩萬公升的飲水及酒類。

在大帆船上專職負責伙食的廚師（Kok），屬中階級收入者，還有一些小孩當童工助手，其中有一位叫卡隆（François Caron），他後來成為荷蘭統治台灣期間的「台灣長官」（Gouverneur van Formosa，一六四四至四六年）。

原來，早年荷蘭帆船前往日本平戶時，還是船上廚師童工助手的卡隆，跳船後躲藏在日本人的社區，後來精通日語，將功贖罪當了荷蘭人在日本的通事，還娶了日本女子。

荷蘭統治台灣時代的末期，設立「蕭壠神學校」（Seminarium te Soelang，位於今台南

日本長崎港的清國貿易船

佳里），培養當地原住民青少年成為當地學校的教師。卡隆的混血兒但以理（Daniel），曾擔任該校的副校長。

中國帆船的伙食與總鋪

相對於歐洲的越洋大帆船，中國帆船較小，依大小可載十幾人至兩百人。中國帆船的航行時間也較短，台灣與中國南部沿海地區之間只要一至三、四天，台灣與東南亞、日本之間只要半個月到一個半月之間。

由於中國帆船在航行途中有港口可補給，所以不必準備大量的食物和飲料，但中國傳統文獻並未完整記載船上的飲食。

根據各國相關的零星資料，中國帆船上的食物有白米、芋頭、番薯、麵粉、索麵、豆腐、雞蛋、青菜、番茄、蘿蔔、蘿蔔乾、鹹菜、鮮魚、鹹魚、鹹肉等，以及燃火煮食所需的木柴、煤炭。

船只有在抵達港口時，才有新鮮蔬菜和肉類可吃。不過，如果因事故停泊某地，船長會向當地官員請求給予米、蔬菜、豬肉、雞肉、飲水等。

船上的飲料，除了飲水，還有米酒（紹興酒）、火酒（高粱酒）等。

清代台灣與廈門、金門往來的商船，船上的「司爨」（負責煮食的人），稱之「炊丁」，如果商船就要僱用「總鋪」，有些商船的編制還有「副總鋪」，階級高於一般水手。以此來看，台灣稱負責「辦桌」宴客的主廚為「總鋪師」（台語 tsóng-phòo-sai），語源來自早年渡海帆船上廚師的稱謂。

常有人問：當年帆船上的船員，為什麼不要一邊航行一邊釣魚？這樣船上不就有新鮮的漁獲可以吃了嗎？

事實上，早年航行海洋的東西帆船，大都是武裝商船，或是戰船，船上各種規定非常嚴格，甚至講髒話都會被處罰，更不可能開放釣魚。

台灣何時開始養殖虱目魚？

虱目魚營養但多刺，鹹水淡水都能養殖，看來是上帝賜給窮人的食物，但在台灣卻可以發展成為獨特又受歡迎的美食，背後有飲食文化的傳統，以及歷史悠久的故事。

台灣的虱目魚文化

二〇一六年，報載因台灣新上任的民進黨政府不承認「九二共識」，中國福建水產商終止與台南學甲的虱目魚契作。不過，台灣虱目魚無法打進中國市場的問題，到底是政治因素？行銷問題？還是涉及飲食文化？應該釐清。

所謂終止契作，其實是自二〇一一年起的五

虱目魚

年虱目魚契作期滿不再續約。為什麼不再續約？或許與政治有關，但根本原因是中國大多數民眾吃不習慣虱目魚，所以很難銷售，這不是把虱目魚改名「狀元魚」就能解決。事實上，自二〇一五年起，福建水產商在台收購契作的虱目魚之後，就全數在台轉售，不再銷往中國市場。

在飲食文化上，台灣海峽兩岸有很多相似之處，但只有台灣才有吃虱目魚的傳統。虱目魚是台灣歷史最久、規模最大的養殖漁業，經過幾百年來的發展，已形成獨特的「虱目魚文化」。

今天，在台灣吃虱目魚，怕刺多有無刺魚肚，怕土味有海水養殖，在烹調上可煎、可烤、可蒸、可煮，很多家庭、餐廳還有獨門料理，另外還可加工製成魚丸、魚鬆、魚酥、魚罐頭、一夜干等產品。

有人問，政府推行南向政策，台灣虱目魚可不可以開發東南亞、南亞市場？

牛奶魚聯盟

其實，除了台灣，菲律賓、馬來西亞、印尼、越南、印度也都養殖虱目魚，一般民眾也愛吃虱目魚。在菲律賓，虱目魚（菲律賓 Bangus）還被稱為「國魚」。虱目魚的英文是

Milkfish，可能因其肉白又富含蛋白質而被稱「牛奶魚」。因此，或可仿「奶茶聯盟」（Milk Tea Alliance）來組「牛奶魚聯盟」（Milkfish Alliance）。

虱目魚（Chanos chanos）是虱目魚科（Chanidae）現存唯一的屬和唯一的種，分布於太平洋、印度洋熱帶、亞熱帶海域，但在東太平洋地區較少見。

虱目魚可以生長在海水、半鹹水、淡水，沒有牙齒，主要以海中的藻類、無脊椎動物為食，所以也稱「海草魚」，很適合在海岸建造魚池來養殖。那麼，虱目魚養殖是從何時何地開始？

根據聯合國糧農組織（UNFAO）引用荷蘭文獻的資料，以「半鹹水魚池或海堤」（印尼語 Tambak）來養殖虱目魚（印尼語 Bandeng），可能起源於十五世紀以前印尼爪哇島東部，因為在一四〇〇年爪哇人的法律中，從 Tambak 偷魚的人會被處罰。

但根據菲律賓的資料，菲律賓人在十三世紀就開始養殖虱目魚，後來才傳到印尼，以及太平洋島嶼。

台灣在荷蘭時代之前就有虱目魚養殖

台灣何時開始養殖虱目魚？一般都說在十七世紀由荷蘭人從印尼引進。根據《熱蘭遮城日誌》第三、四冊，因為從一六四四年開始課漁業稅，所以在一六四七年出現「Oynij」的紀錄，主要在台南麻豆、嘉義義竹東邊一帶。

荷蘭文Oynij，從台語發音來看就是「塭仔」（ùn-á），這是漳州、潮州自古以來在海岸的半鹹水養殖法，與印尼爪哇人的Tambak一樣。最早、最簡易的方法，就是在海邊以硓𥑮石圍成水池養殖。這很像石滬，但石滬是利用潮差捕魚，必須挑選適合的位置。後來，養殖的魚塭未必緊鄰海邊，可抽取海水到魚塭。由於清代《諸羅縣志》（一七一七年）記載魚塭中生產「虱目」或「麻虱目」，因此據以推論在荷蘭時代已有虱目魚養殖。

澎湖的石滬

然而，荷蘭時代已養殖虱目魚，並不代表荷蘭人引進虱目魚，因為台灣海域本來也有虱目魚。事實上，荷蘭人殖民台灣重視貿易獲利，當時台南的經濟魚類是烏魚、塗魠，並沒有虱目魚，在《熱蘭遮城日誌》中也沒有荷蘭人帶任何魚苗來台灣的紀錄。

以此來看，台灣可能在荷蘭時代之前就有虱目魚養殖了。如果說台灣虱目魚養殖是從東南亞引進，那麼就有兩種可能：

一、華人引進：在十六世紀，從中國移民海外、同屬閩南語系的漳州人、泉州人、潮州人，形成「漳泉潮文化圈」，在台灣與東南亞之間互有往來，可能引進虱目魚養殖來台灣。

二、台灣原住民引進：自古以來，台灣、東南亞的南島語族之間就有往來，形成「南島語族文化圈」，可能引進虱目魚養殖來台灣。

清代台灣方志記載的「麻虱目」、「虱目」魚名，今稱之「虱目魚」（台語音 **sat-bák-hî**），其由來有各種說法，主要是台語的「塞目魚」（因魚眼有脂性眼皮）、西班牙語的 Sabalo（菲律賓語所稱野生的大虱目魚），但未有定論。

日本時代台灣文人連橫在《臺灣通史》中說：「台南沿海素以畜魚為業，其魚為麻薩末，番語也。」連橫所謂「番語」，就是原住民語。

以此來看，台灣的虱目魚養殖歷史可能往前推到五百年以上。

台灣吃牛肉四百年史

台灣從前是農業社會，耕作、運輸等勞力工作都仰賴牛，牛被認為是靈性動物，吃牛肉會遭因果報應，所以出現兩句台語俚諺。

吃牛肉難免下地獄

「豬知走，毋知死；牛知死，毋知走。」牛看到有人來抓，既不叫也不跑，只會流淚，因為知道自己就要被殺了。

「毋食牛犬，功名袂顯；食了牛犬，地獄難免。」雖然中國歷史上很多英雄豪傑都吃牛肉、狗肉，似乎不吃無法揚名天下，但吃了難免會下地獄。

從「地獄難免」到今天流行的「紅燒牛肉麵」，難怪有人會問：「台灣人從什麼時候開始吃牛肉？」

有人說：「日本時代受日本人影響的！」日本明治維新開始西化吃牛肉（一八七三年），再傳到台灣來。

另有人說：「戰後受外省人影響的！」不但吃牛肉，還加了在台灣製造的四川辣豆瓣醬，發明了「川味紅燒牛肉麵」。

吃牛肉隱諱不說

事實上，清代台灣方志記載有宰牛寮、牛肉寮、牛肉巷等地名，今天台灣也還有刣牛坑、刣牛寮、牛灶間的舊地名，可見台灣在清代就有殺牛的行業。不信？清代律令經常頒布禁宰牛，還刻碑示禁，這也就是說，雖然官方以道德立場禁宰牛，但民間仍然私宰牛，所以才要一再下令嚴禁。

清同治五年十二月日所立的「禁私宰耕牛碑」：「竊宰牛之禁，風廢已久，買犢為治耕，牛力居其半。即以朝廷而論，非郊祀大典，無輕用也。矧自克復以來，椎埋犒饗之餘，牛存無幾。加以盜

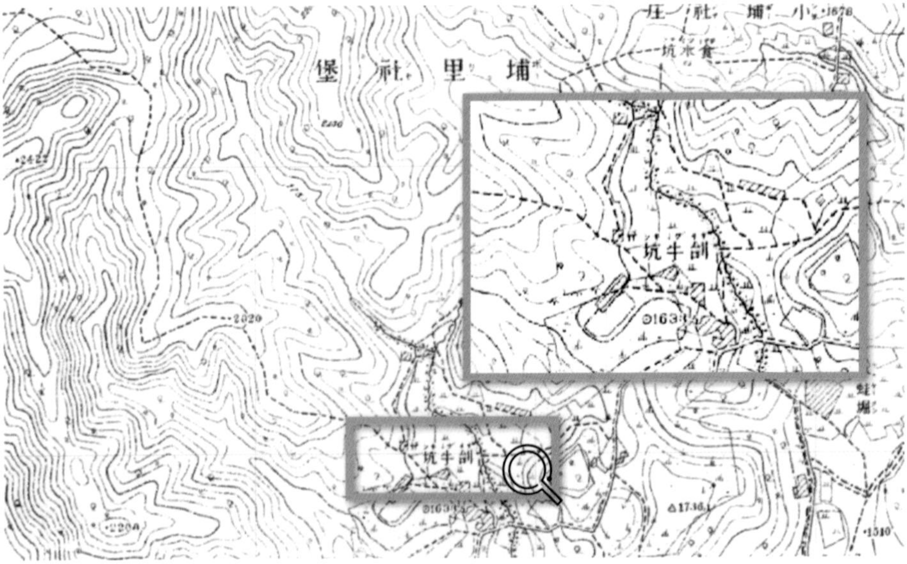

1898~1904 年《臺灣堡圖》中仍有刣牛坑地名

賊鼠竊，豪惡窩藏，夜半來者，量與薄值，操刀而屠，公然挑販。屠家從此致富，盜賊得計滅蹤。」

根據清代台灣文獻，在十九世紀後半葉，彰化員林、鹿港等地還有私宰牛的記載，例如：「各處平民，歷年私宰無數」、「私宰耕牛，計共二十五隻，販賣各鄉村吃食」，「臺地耕牛，俱牧放在山，賊匪牽宰，不止數百，將牛肉作脯攜帶。」[1]

清代《澎湖紀略》（一七六七年）、《海東札記》（一七七二年）等文獻還記載，有人在海邊等瑇瑁（玳瑁，即海龜）登岸產卵，「尾而逐之……眾併力反其背，俾其仰臥……抬回剝之。重者一、二百斤，小者亦有數十斤，醃為脯鬻之，味同牛肉，值亦相等。」原來，當時不但吃牛肉，還以海龜肉混充牛肉販賣。

在清代之前呢？一六六一年，鄭成功帶兵攻打台南荷蘭人期間，軍隊也食用牛肉。

在荷蘭與明鄭時代，從台灣賣到中國的肉類醃製品，雖然以鹿脯為主，但也有牛皮與牛肉乾。

據此推論，台灣吃牛肉年代悠久，只是隱諱不說。

◆1
台灣巡撫邵友濂為查明訪獲張鳳私宰緣由以及遵約保護教堂處理過程事，中研院近史所《教務教案檔》第五輯，光緒十八年（一八八八年）十月六日。

台灣人吃牛肉的風氣

日本時代初年，殖民官員佐倉孫三來台任職期間以漢文所寫的《臺風雜記》（一九〇三年）說：「臺人嗜獸肉，而不嗜牛肉。非不嗜也，是有說焉。蓋牛者，代人耕作田野，且孔廟釋典之禮以大牢，是以憚而不食也。獨怪未見人之遺棄老牛者。評曰：聞其聲，不忍食其肉，是以君子遠庖廚，蓋亦庶幾此意矣。」

根據佐倉孫三的觀察，台灣人愛吃獸肉，為什麼不吃牛肉？其實並不是不吃，而是牛代人耕作，而且是祭孔牲禮，所以因畏懼才不吃。但他也有所質疑：為什麼沒有看到被遺棄的老牛？他做了結論：大概是聞其聲不忍食其肉，只好把老牛交給別人處理吧。

佐倉孫三問老牛的去向？我們可以想像，雖然農夫一般不殺牛、不吃牛肉，但如果有私宰牛販前來家裡說要購買老牛、病牛，農夫會不會拒絕呢？在貧窮的年代，恐怕大多數的農夫不會拒絕吧！

今天，還有人回想家裡長輩說，農夫自己不吃牛肉，但牛老了會賣，牛販來牽牛的時候，牛還會流淚。

從早年社會的現實面來看，因為牛皮、牛油、牛肉是重要甚至不可或缺的民生物資，例如牛皮可做皮箱、牛油製造蠟燭，以及牛油煉製硫磺等，所以宰牛業才會存在。

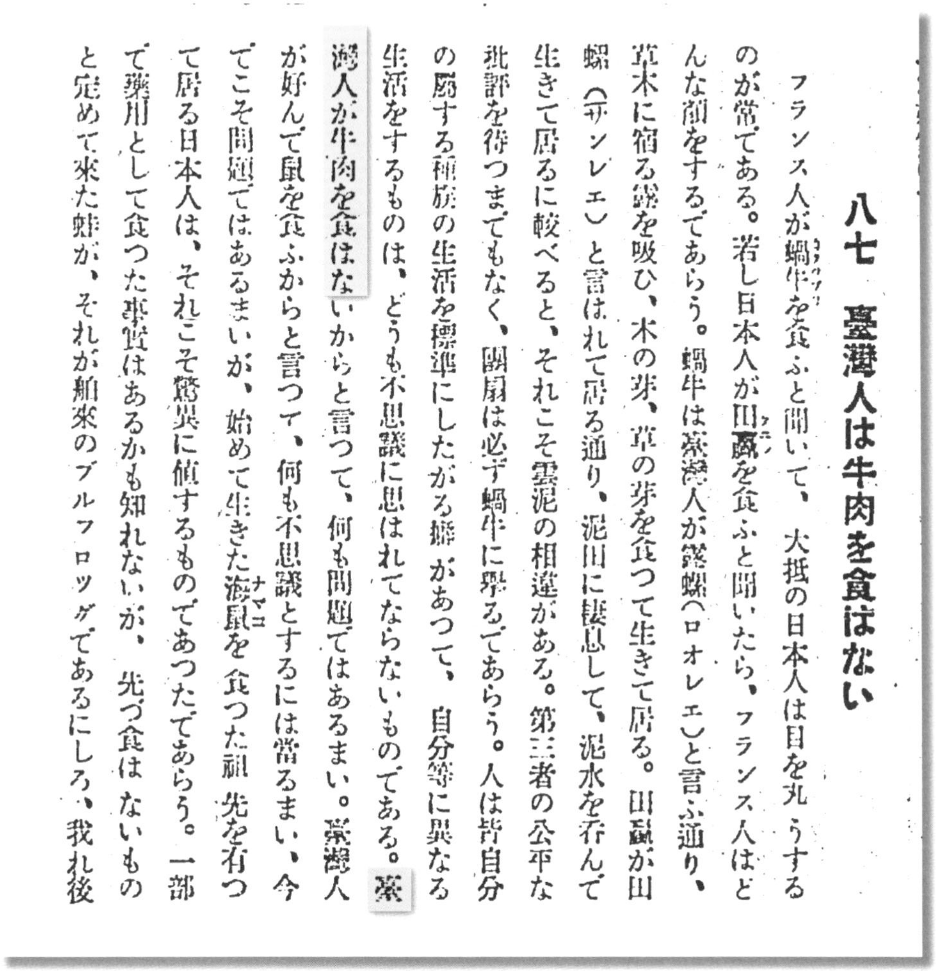

八七　臺灣人は牛肉を食はない

フランス人が蝸牛(カタツムリ)を食ふと聞いて、大抵の日本人は目を丸うするのが常である。若し日本人が田螺(タニシ)を食ふと聞いたら、フランス人はどんな顔をするであらう。蝸牛は臺灣人が露螺(ロオレエ)と言ふ通り、草木に宿る露を吸ひ、木の芽、草の芽を食つて生きて居る。田螺が田螺(ザンレエ)と言はれて居る通り、泥田に棲息して、泥水を呑んで生きて居るに較べると、それこそ雲泥の相違がある。第三者の公平な批評を待つまでもなく、團扇は必ず蝸牛に擧るであらう。人は皆自分の屬する種族の生活を標準にしたがる癖があつて、自分等に異なる生活をするものは、どうも不思議に思はれてならないものである。臺灣人が牛肉を食はないからと言つて、何も問題ではあるまい。臺灣人が好んで鼠を食ふからと言つて、何も不思議とするには當るまい。今でこそ問題ではあるまいが、始めて生きた海鼠(ナマコ)を食つた祖先を有つて居る日本人は、それこそ驚異に値するものであつたであらう。一部で藥用として食つた事實はあるかも知れないが、先づ食はないものと定めて來た蛙が、それが舶來のブルフロッグであるにしろ、我れ後

《台灣民族性百談》討論台人不吃牛肉

日本時代，日籍教師山根勇藏在一九三〇年出版以日文寫作的《台灣民族性百談》，描述台灣農夫對待耕牛的情景：農夫通常帶著兩頭牛到田裡，一頭耕田、一頭在田邊吃草。農夫看耕田的牛做累了不動，也不會像日本人一樣不分青紅皂白鞭打牠，乾脆自己也休息一下，再看牠還是不想動，就把犁卸下來，換另一頭牛來做。

這樣的描述非常動人，農夫愛護耕牛也是實情，但如果以此想像農夫都讓耕牛安享天年，則是被過度美化的傳說。

山根勇藏在該書後面則說，台灣人不吃牛肉，但會吃日本進口的神戶牛肉。

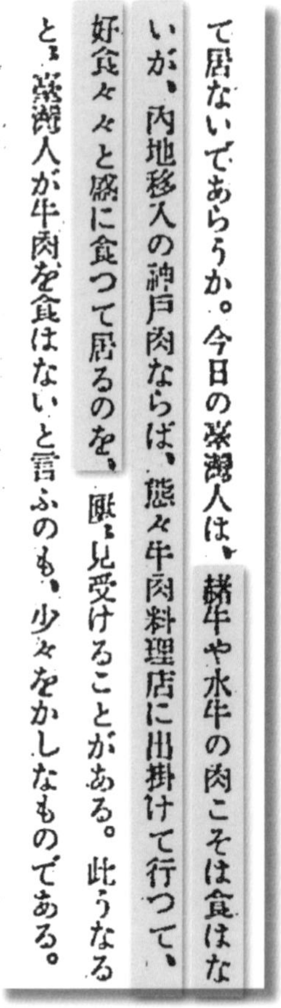
て居ないであらうか。今日の臺灣人は、耕牛や水牛の肉こそは食はないが、內地移入の神戶肉ならば、態々牛肉料理店に出掛けて行つて、好食々々と盛に食つて居るのを、屢ゝ見受けることがある。此うなると、臺灣人が牛肉を食はないと言ふのも、少々をかしなものである。

台灣農業社會與耕牛關係密切，日本時代台灣雕塑家黃土水的傳世之作就是《水牛群像》，直到戰後耕牛被「鐵牛」（耕耘車）取代。在此之前，台灣雖然有人吃牛肉，但確實不多，至今仍有老輩的人不吃牛肉。

那麼台灣吃牛肉的風氣從何時開始？

日本時代，台灣已經有西餐廳，菜單上可見牛排、燉牛肉、牛肉湯，但當年時尚、昂貴的西洋料理，不是一般人吃得起。

戰後，紅燒牛肉麵的出現，雖然開始不算平價美食，但也有便宜的牛肉湯麵，逐漸帶動台灣人吃牛肉的風氣。

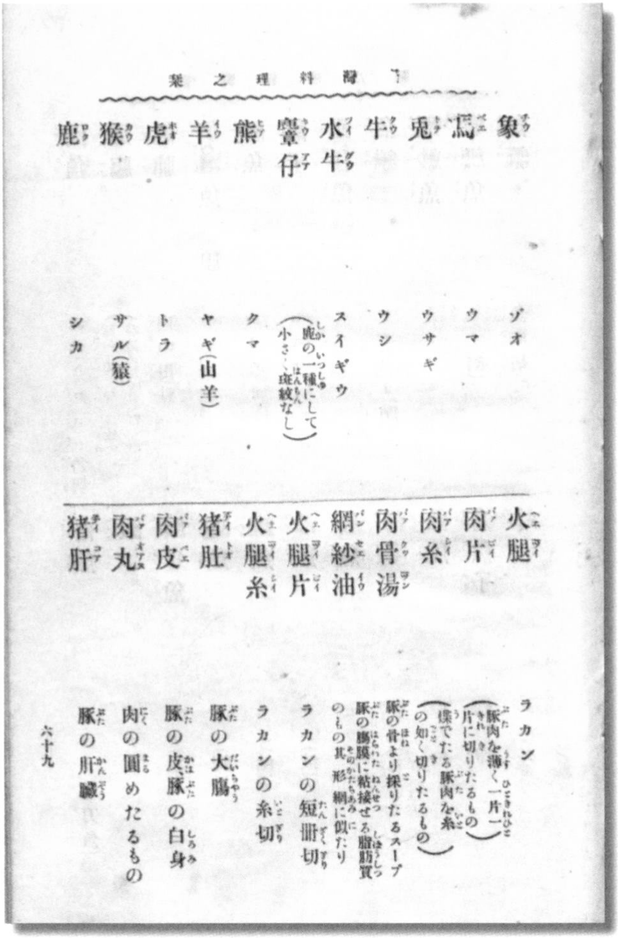
臺灣料理之菜

象 ゾオ
馬 ウマ
兎 ウサギ
牛 ウシ
水牛 スイギウ
麞仔 (鹿の一種にして小さく斑紋なし)
熊 クマ
羊 ヤギ(山羊)
虎 トラ
猴 サル(猿)
鹿 シカ

火腿 ラカン
肉片 (豚肉を薄く一片一片に切りたるもの)
肉糸 (煠でたる豚肉を糸の如く切りたるもの)
肉骨湯 豚の骨より採りたるスープ
網紗油 豚の腸膜に粘接せる脂肪質のもの其形網に似たり
火腿片 ラカンの短冊切
火腿糸 ラカンの糸切
猪肚 豚の大腸
肉皮 豚の皮豚の白身
肉丸 肉の圓めたるもの
猪肝 豚の肝臓

六十九

日本時代台菜中以牛、水牛入菜

(31)

黃牛肉の軟化調理法に就て

衣糧科 宮本雇員

炎暑も漸次秋冷と相變りました。朝夕が冷え冷えといたしますと自然牛肉の鋤燒の話も出て來ます。そんな譯で牛肉の話題も相應しいものと存じまして黃牛肉の軟化調理法に就て若干申述べてみたいと存じます。

御承知の様に牛肉も種々雜多の種類がありますが、本島として一番關係のある、そして我々が一番口にする黃牛肉は硬い硬いと衆人の申す處でありますが其原因は氣候又は飼育の關係上水分の多いこと、老牛で榮養不良なるものを屠殺するためではないかと思考されます。然し此の硬質肉も調理法に依つて或は軟食し得るのではないかとの懸念から上司の命によりまして之の試驗調理法を試みました結果左記の點が軟化調理法の重點かと存じますので皆樣方の御參考迄に掲載することゝ致しました。

左記

一、屠殺後の貯藏日數

總て動物性食品は死後直に喫食するよりも或る一定の經過後調理致しました方が軟いと云ふ事は既に御存知の事と思ひますが殊に牛肉に就ては之が最も大切な事であります。

今回の實驗に依りますと死後四日乃至七日迄の肉が最良と確認致します。貯藏法と致しましては大概は納入者の方で施

黃牛肉是日本時代台灣軍（日本軍）的軍中食物

台灣雞史

台灣吃雞歷史的第一章，原住民不吃雞！

台灣原住民只愛雞尾羽毛

陳第《東番記》（一六〇三年）描述早年台灣原住民習俗說：「習篤嗜鹿，剖其腸中新咽草將糞未糞者，名百草膏旨，食之不饜；華人見，輒嘔。食豕不食雞，畜雞任自生長，惟拔其尾飾旗。射雉，亦只拔其尾。見華人食雞、雉，輒嘔。夫孰知正味乎！又惡在口有同嗜也！」

一六〇三年冬，明將沈有容帶兵攻打藏匿東番（台灣）的海盜，福建連江文人陳第也跟隨前往。沈有容的艦隊停泊大員（今台南安平），陳第實地觀察了當地原住民的風土人情。陳第回鄉後，以他親眼目睹台灣西南沿海原住民的生活，再參考沈有容為了追擊海盜派人在台灣各地所收集的情報，寫了約一千五百字的《東番記》，這是最早記錄台灣原住民習俗的中文文獻。

陳第說，台灣原住民吃鹿、吃豬但不吃雞，所以讓雞自由生長，只拔雞尾羽毛來裝飾；如果射雉，也只拔其尾羽。「雉」俗稱野雞，雄雉的尾羽長而艷麗。

原住民生吃鹿腸內的「百草膏旨」，華人看了會嘔吐；反之，華人吃雞，原住民看了會嘔吐。陳第以平等眼光視之說：「誰知道什麼才是正味？人的口味嗜好如何能夠都一致呢！」

荷蘭統治台灣時期（一六二四至六二年），荷蘭文獻也提及台灣原住民不吃雞▼1，且文獻中常見原住民與華人提供雞給荷蘭人食用，華人也常從澎湖或中國沿海用竹編雞籠（kanasser）裝雞運來台灣。

清康熙黃叔璥《臺海使槎錄》（一七二二至二四年）提及「瑯嶠十八社」（恆春半島）原住民習俗說：「日凡三餐，不食雞。有傳紅毛欲殺生番，俱避禍遠匿，聞雞聲知其所在，逐而殺之；番以為神，故不食。」

「瑯嶠十八社」原住民為排灣族，本文提及該族傳說：荷蘭人入侵時，被驚動的雞發聲示警，族人視雞為神，故不吃雞。▼2

◆1

見江樹生譯註《熱蘭遮城日誌》第二冊，頁三二。

◆2

恆春半島南端墾丁國家森林遊樂區的社頂部落，舊名「龜仔甪」（台語音Ku-á-lut），報載當地排灣族長老仍記得「不養雞，更不吃雞肉」的祖訓，雖然後來開始吃雞，但每年七、八月間的豐年祭不會用雞祭祀。

然而，台灣原住民有那麼多族，都不吃雞嗎？或許也不能一概而論。

本書作者請教台灣古道探勘專家、自然文學作家徐如林，她認為，有關古文獻或傳說台灣原住民不吃雞，有可能是觀察不夠周全的誤解，有些原住民養雞主要是想取得美麗的羽毛做裝飾，因此非必要的時候不殺雞，但他們無論是帝雉、藍腹鷴都照吃不誤，只是羽毛一定要留下。

清代中國官吏不愛台灣雞

台灣華人養雞吃雞，在荷蘭時代還從澎湖源源不斷供應雞給荷蘭人，但清代卻有中國官吏嫌棄台灣雞。

清康熙周鍾瑄《諸羅縣志》（一七一七年）說：「往在內地，聞臺郡肉食不宜於豬、雞，宜於羊，鴨亦差善。余未之信，及至北路，見庭院蔓生蟲多至不可名狀；群雞啄之，日以肥碩。蓋蟲毒所積，故不宜多食也。鴨半在水次，飽者魚蝦。本草稱：羊於人最裨益。又草盛，特肥美；故宜。豬膩而滯氣，臺地沮洳，人多沉溺重膇之疾，亦不宜多也。」

周鍾瑄曾任台灣府諸羅縣知縣，祖籍江西的貴州人，他在內地就聽說台灣羊好、鴨也不錯，但豬、雞不好。他來台灣之後。看到草木蔓生、蟲多到不可思議，群雞啄蟲而食，雞長得肥大乃因體內蟲毒所積，故說雞不宜多食。他又說台灣土地低窪而潮溼，很多人罹患腳腫病，故豬也不宜多食。

然而，以現代眼光來看，養雞吃蟲不就是土雞、放山雞嗎？比吃「有機飼料」更天然健康啊！

對早年的台灣華人來說，雞是很重要的補品，尤其以獨特米酒、優質麻油做出來的「麻油雞」，展現台灣飲食文化的特色，也是台灣傳統生命禮俗的重要食物。

台語俚諺說：「年頭飼雞栽，年尾做月內。」婦女懷孕後，就要開始養雞，以便產後做月子時吃麻油雞補身。此外，在嬰兒「滿月」、青少年「轉大人」時，也有吃麻油雞的習俗。

此外，台語「雞」（ke）與「家」（白讀音ke）同音，台語俚諺說：「食雞，會起家。」所以雞也成為家庭聚餐、結婚喜宴、喬遷之喜的吉祥食物。

日本人本來不吃雞與雞蛋

日本統治台灣時期（一八九五至一九四五年），已在日本明治天皇自一八七〇年代解除肉食禁令之後，否則台灣人恐怕不能吃雞，甚至不能吃雞蛋。

日本自中國唐代引進佛教後，成為佛教國家。日本天武天皇在六七五年開始禁止吃幼魚及家畜、家禽，只允許吃打獵的獸肉，後來還有天皇下令禁止殺生，自此日本民間食肉不普遍。

日本明治維新（一八六八年）走向全盤西化，包括學習西方飲食，明治天皇為了鼓勵民眾肉食，更在一八七二年開始食用牛肉，後來肉食成為日本飲食文化重要一環。

今天，「日本和牛」是世界頂級牛肉，日式烤雞串（燒き鳥，英語音譯 Yakitori）、日式炸雞（唐揚げ，英語音譯 Karaage）也很受歡迎。

一九三九年樂町市場賣雞。

台灣炸雞

戰後，台灣隨著經濟發展、民生富裕，雞肉逐漸成為日常食物，白斬雞、鹽水雞、燻雞、桶仔雞、甕仔雞到處可見，郊區還有土雞城。

炸雞排是當今具代表性的台灣小吃之一，尤其受到年輕人歡迎，但其歷史並不長，大約從一九九〇年代末期開始崛起，堪稱台灣小吃市場的「奇雞」。

台灣在一九七〇年代開始出現本土味的「鹽酥雞」，以及模仿國際連鎖炸雞品牌肯德基（**Kentucky Fried Chicken**）的「頂呱呱」炸雞。一九八四年，肯德基跟在麥當勞之後引進台灣，開始獨霸台灣的炸雞市場。

十多年後，台灣開始出現炸雞排。炸雞排使用的雞胸肉，台灣人本來並不愛吃，但炸雞排攤店具有機動性，又在種類、口味上推陳出新，因此逐漸攻占大街小巷及夜市，闖出「台式雞排」的名號。

台式雞排最早都是油炸，像鹽酥雞一樣撒胡椒粉、辣椒粉，後來增加了海苔粉、芥末粉等多種口味，以及塗抹蜜汁、包裹起司、厚切多汁的雞排。除了油炸雞排，後來也出現碳烤雞排、焗烤雞排。雞排本身也有強調大尺寸，或改用雞腿稱之雞腿排。

根據媒體報導，養雞業者估計台灣有數萬家大大小小的炸雞排攤店，每天平均總共賣出二十五萬份炸雞排，以每片平均厚度兩公分計算，堆起來可達五千公尺，高度相當於十座台北一〇一大樓，銷售量遠勝肯德基，甚至打開了海外市場。

今天，台式雞排以各種名目出現，包括「豪大大雞排」、「比臉大雞排」、「轟炸雞排」、「爆漿雞排」、「惡魔雞排」、「狂爆雞排」等，可見台灣小吃創新的活力。

豬肝史話

豬肝在台灣可謂神奇食物，曾經是昂貴補品，貴到一般人吃不起；後來因抗生素殘留及膽固醇含量高被擔心有礙健康，價格一落千丈，但其美味還是讓人垂涎，結果變成庶民美食。

有一句台語俚諺：「枵狗數想豬肝骨。」餓狗妄想吃豬肝骨，有如華語所說「癩蝦蟆想吃天鵝肉」，比喻非分之想，而且還想吃豬肝裡沒有的骨頭，根本就是不可能的事。由此可見，豬肝在人們心目中的地位。

豬肝在台灣也被用來指稱顏色，台語和客家語都有「豬肝色」用詞，就是暗紅色、紅褐色。

豬肝的滋補

台灣原住民獵鹿也獵山豬，吃豬跟吃鹿一樣，吃肉也吃肝，而是醃漬肝可滋補。

荷蘭《熱蘭遮城日誌》不會談料理，但當時殺豬要課屠宰稅，所以也有殺豬賣豬肉的紀錄，由此可見也會吃豬肝等內臟。

在華人方面，中醫認為豬肝是「飲食及服藥俱完出」（兼備）的食品。中國唐朝著名醫藥學家孫思邈所著《備急千金要方》，其中有「豬肝丸」方劑，以豬肝及其他藥材研末、煉蜜為丸，主治「下痢腸滑」。

宋朝醫藥學家王懷隱奉詔所編的《太平聖惠方》，其中也有「豬肝丸」方劑，以豬肝煮爛研糊，與其他藥材搗為丸，主治「痢後脾胃虛弱，不思飲食，四肢乏力」。

日本時代，台灣著名的漢醫學月刊《漢文皇漢醫界》，也提及豬肝可治眼疾。▼1

此外，日本人記載的台灣料理，也提及豬肝的食材，以及「十錦火膏」（什錦火鍋）的鍋料中有豬肝。

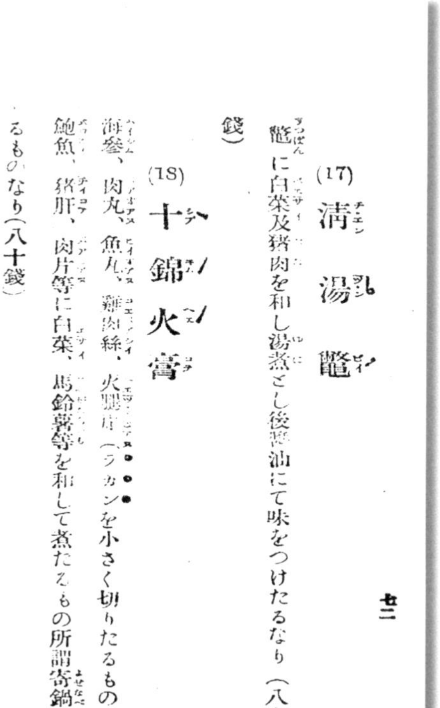
七二

(17) 清湯鼈

鼈に白菜及豬肉を和し湯煮さし後醬油にて味をつけたるなり（八十錢）

(18) 十錦火膏

海參、肉丸、魚丸、雞肉絲、火腿片（ラカンを小さく切りたるもの）鮑魚、豬肝、肉片等に白菜、馬鈴薯等を和して煮たるもの所謂寄鍋なるものなり（八十錢）

日人記載台灣什錦火鍋有放豬肝

◆1 昭和五年（一九三〇年）三月二十日《漢文皇漢醫界》，此月刊由東洋醫道會台灣支部創於一九二八年，一九三五年改名《東西醫藥報》。

豬肝的高價

早年，豬肝因營養豐富又富含鐵質，被視為補血聖品，但價格高不可攀，大都只有病人住院開刀或婦女做月子才會買來吃，所以常見有人帶豬肝湯去醫院探視病人。

一九七〇年以後出生的人，可能不知道當年豬肝的價格，不但比豬肉貴很多，而且是以兩計價。

早年豬肝曾賣到一斤兩百四十元，在經過幾十年的通貨膨脹後，今天豬肉一斤不過一百多元。網路上有一篇文章，有人回想，早年剛任教職薪水才七百元，而買一副醃（滷）豬肝要三百元。

當年的「肉砧」（台語音bah-tiam），即豬肉攤，如果有兩副豬肝（一副豬肝有兩大片，總共約三、四台斤），大概有一副被餐廳或麵攤訂走，另一副則零賣，客人幾兩幾兩的買，有時還買不到。

台語文老師李恒德回憶：我小時候，大約六十幾年前，街上的豬肉攤，豬肝大部分供應麵店，少部分零賣，都有固定客戶，一般人想買要提前預約。有人不懂，看到攤前還掛著豬肝就想要買，但老闆不允，說是留給「警察仔某」的，只有警察老婆會常來買，每次切三塊錢！

台灣優良農品發展協會顧問劉兆宏回憶：「我大哥提起在金門當兵時（一九七二至七三年），有一次師長朝會訓話，很生氣的說，他太太早上去市場買不到豬肝，結果聽肉攤老闆說，全被你們這些龜兒子買去孝敬八三一的小姐了！」▼2

南台灣有一句台語俚諺：「殘殘豬肝切五角。」「殘殘」（tshân-tshân）是乾脆、不猶豫的意思，用來形容豬肝太貴但先買了再說，也比喻不顧後果都要去做。但這句話似有矛盾，豬肝那麼貴，五毛錢教豬肉攤怎麼切？

這句話從何而來？傳說早年南台灣有位富有卻吝嗇的商人，有一次經過菜市場，豬肉攤故意問他那麼有錢為何還要節儉？這位富商就說：「按呢，殘殘豬肝切五角！」富商依然展現吝嗇本色，如此就成了自嘲拚命也要吃豬肝的笑話。

豬肝不但營養高，而且是很多人喜愛的美味，所以產生了各式各樣的豬肝料理，除了吃補的薑絲豬肝湯、麻油豬肝湯，還有煎、炒豬肝，以及蒸、滷豬肝切盤等。

「膽肝」（tám-kuann）早年是宜蘭名產，以醃漬、煙燻、風乾豬肝

◆2
「八三一」指國防部一九五二年至一九九〇年在金門設立的軍人妓院，軍方正式名稱是「軍中特約茶室」，俗稱「八三么」、「軍中樂園」。早年台灣本島也有這種妓院，直到一九九二年廢止。

製成。客家人善於醃製食物，也有「客家豬膽肝」的食品。

早年的酒家菜、辦桌菜有一道「肝燉」（kuann-tūn），這是取台語「肝」與「官」同音的吉祥菜名。肝燉以豬肝、肥肉、荸薺、豆腐、雞蛋等食材，切碎拌勻放入大碗中，以小火蒸煮之後，倒扣在大而較深的盤子上，又香又綿，很受歡迎。

基隆有一家專賣以豬肝和豬肉做成「豬肝腸」的燒烤老店，一直熱賣到今天。早年，基隆的紅糟肉圓都加了豬肝，連基隆廟口著名的炭烤三明治也包豬肝。

豬肝腸

豬肝的衰微

豬肝在台菜料理的身價，大約在一九八〇年代盛極而衰，原因有二：

第一、豬養殖使用抗生素，而豬肝又是排毒器官，故有抗生素殘留可能致癌的疑慮，經媒體報導引發民眾擔心。

第二、豬肝膽固醇含量高，而當年的健康資訊說膽固醇不能攝取過量，也影響很多人不敢食用豬肝。

這兩個原因的加乘效應，導致豬肝價格逐漸下滑，不但比豬肉便宜很多，甚至乏人問津。最後，很多豬肉攤是買豬肉送豬肝。當豬肝不再是珍貴食材時，很多小吃、菜餚就不再使用豬肝，「肝燉」更是幾乎在宴席上消失了。

然而，還是有不少懷念豬肝美味的人口，所以有些小吃攤店還是有賣豬肝湯、豬肝麵，價格非常便宜。

在一九九〇年代，本書作者與幾個朋友約好為一位壽星在西餐廳慶生，這位壽星前來西餐廳時，經過一家賣豬肝麵的小店，一時勾起懷舊滋味，竟然先去吃了一碗才來西餐廳。

豬肝的再興

自二〇一〇年代以來，豬肝開始起死回生，原因有二：

第一、台灣有豬養殖戶推出不打針、不吃藥的「健康豬」，甚至有以優質飼料及環境飼養的「品牌豬」，可降低對豬肝抗生素殘留問題的疑慮。

第二、根據多項研究指出，飲食的膽固醇對血液的膽固醇濃度並沒有顯著影響，所以美國「飲食指南」（Dietary Guidelines）不再建議限制膽固醇攝取量。因此，有些人已不像過去那麼「畏懼」豬肝。

今天，已有營養學家主張可以適量吃一些豬肝。不過，買豬肝的重點在於懂得分辨好豬肝的好壞，因為每隻豬的肝有健康或不健康的，而豬肉攤每天取得的豬肝並不一樣。

豬肉攤賣豬肝，傳統的術語有「柴肝」（tshâ-kuann）、「粉肝」（hún-kuann）之分。「柴肝」就是有病變的肝硬化，顏色較暗，吃起來柴柴的。「粉肝」則指正常或脂肪含量稍多的健康肝，顏色較淡，吃起來軟嫩的。▼3

◆3
日本時代《臺日大辭典》（一九三二年）收錄「柴肝」、「粉肝」用詞，台語「粉」也用來指肉質軟或顏色淡。

滷肉飯及其豬隊友

台灣人發明的滷肉飯，把豬的皮脂部位煮成庶民美食，堪稱化腐朽為神奇，這是台灣飲食文化的智慧。

滷肉飯及其豬隊友：焢肉飯、知高飯、豬腳飯，以其十分美味及非常營養，暖和了心也滿足了胃，帶給台灣人生活的熱情與工作的熱量。

滷肉飯

滷肉飯也寫成「魯肉飯」，雖然「魯」因被誤以為此飯來自山東而被建議正名「滷」，但民間約定俗成也不以為然，台灣最大品牌仍稱「鬍鬚張魯肉飯」。

其實，「滷」字源自「鹵」，《說文解字》只有「鹵」，《康熙字典》引《廣韻》指「滷」同「鹵」。在中國古代，「鹵」通「魯」，

◆1

《臺日大辭典》（一九三一年）、《廈英大辭典》（1873年）都收錄「鹵」（ló͘）、「鹵肉」。但音調不同的「鹵」（lō͘）則指sī^{n}鹽，但not so salt as sī^{n}，也就是醃薄鹽。

中國古代「鹵」通「魯」，「鹵莽」也作「魯莽」，「鹵鈍」也作「魯鈍」；「鹵」也通「虜」，「鹵獲」也作「虜獲」。

可用在「鹵莽」、「鹵鈍」，但與姓氏、山東省別稱、周代諸侯國名的「魯」無關。▼1

台灣何時出現滷肉飯？根據清代、日本時代的閩南語辭典，只見以醬油滷豬肉的「鹵肉」，沒有「鹵肉飯」，相關文獻也未記載，因此推斷滷肉飯可能是戰後才有。

滷肉飯的起源，有人推測，早年有貧窮買不起豬肉的人，向豬肉攤索取切肉塊剩餘的豬皮、肥油、肉屑，切碎後用醬油加油蔥酥滷成一鍋，只要淋些滷肉汁就非常下飯。以此來看，或許滷肉飯本是貧窮家庭的簡單料理，但小吃攤店以此改良為美味的滷肉飯，而台灣戰後小吃攤店才蓬勃發展。

好吃的滷肉飯，未必在於使用昂貴的豬肉部位，當然手切比機器絞肉好，皮、脂、肉兼具更好，但最重要是調味與火候，尤其要多膠質而不油膩。如此，看似簡單，但各家有其祕方，才會有滷肉飯名店的誕生。

古早滷肉飯有一種很受歡迎的配菜，就是爽口開胃的醃黃蘿蔔，台語稱之Takuan，但後來很多都不放了。

Takuan是日文たくあん，日文漢字「澤庵」。Takuan的全稱是「沢庵漬け」（Takuan-zuke），日本傳統以鹽、米糠醃漬大根（白蘿蔔）製成，據傳是日本江戸時代初期臨濟宗大德

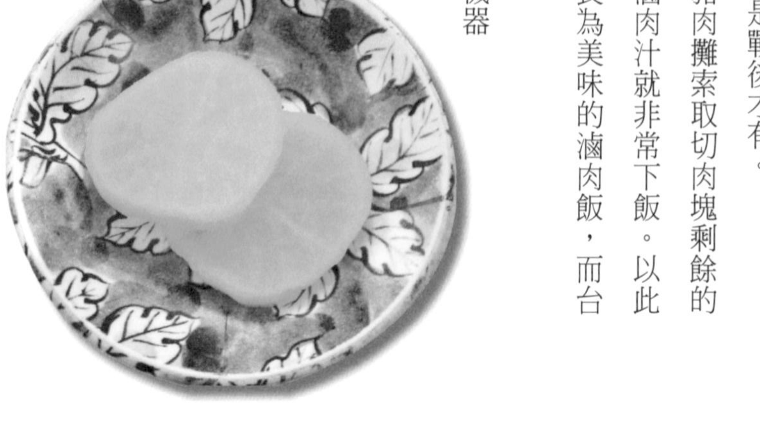

寺高僧澤庵宗彭（一五七三至一六四六）所創。澤庵大師在日本赫赫有名，因為被日本小說虛構為日本劍聖宮本武藏的啟蒙師父。

後來，Takuan 改以鹽、糖、醋醃漬大根，並以薑黃或黃梔子染色，也有人使用食用黃色素。Takuan 以鮮黃的顏色，甜、酸、脆的口感，成為滷肉飯的最佳配角。

Takuan 為何從很多滷肉飯攤店消失？大概後來很多人不想吃化學色素染黃，甚至可能有防腐劑的蘿蔔，有人甚至挾了丟到地上，造成店家困擾。不過，後來政府對食用色素有管理規定。

日本人來台灣觀光，也很喜歡滷肉飯。近年來，日本也出現以台灣滷肉飯為名的食物。

二〇一六年，日本著名「無印良品」在料理包的產品中，出現了台灣滷肉飯，包裝上印有日文假名及漢字「ルーロー飯」，以及日文羅馬字「LUROU FAN」，並說明是「台灣屋台料理」（日本屋台類似台灣路邊攤）。

二〇一七年，日本最大便利商店ファミリーマート（FamilyMart）推出滷肉飯御飯糰。二〇二〇年，日本 7-11 則推出「ルーロー飯弁当」（滷肉飯便當）。日本媽媽也在家做滷肉飯便當，YouTube 還有教學。

滷肉飯與肉燥飯、肉角飯有何不同？

北部「滷肉飯」與南部「肉燥飯」的差別，並不只是名稱，不但外觀不同，內容也不一樣。

肉燥飯的「肉燥」，也非台南擔仔麵以絞肉加鮮蝦頭熬煮而成的「肉燥」。

滷肉飯的滷肉汁，一般兼具皮、脂、肉，傳統是手切，有的切小塊，有的切很碎。有人主張，使用三層肉，切成可以看到皮、脂、肉的小條狀，堪稱上品。

肉燥飯的肉燥汁，只有皮脂幾乎沒有瘦肉，切成相對較大的小方塊。台南肉燥飯特別選用豬背皮脂，台語稱之「膩瓤」（jī-nn̂g）、「肉瓤」（bah-nn̂g），價格相對便宜，但既厚且Q又多膠質。

此外，紅蔥頭是滷肉飯的靈魂，但肉燥飯有的不加紅蔥頭。

台南肉燥飯的肉塊比較方

滷肉飯

台中則還有一種「肉角飯」，與肉燥飯相比，在皮脂之外加了肉塊。

總之，不管滷肉飯或肉燥飯、肉角飯，也不管使用豬的什麼部位，有的還號稱使用昂貴的帶皮松阪豬肉，但好吃的關鍵在於整體調出來的味道，所以說「江湖一點訣，妻子不可說」。其實，每個台灣人心中都有一碗滷肉飯，所以也不必比較，以免傷了和氣。

焢肉飯

焢肉飯也寫成爌肉飯，教育部《臺灣閩南語常用詞辭典》的正字是「炕肉飯」。台語「炕」（khòng）指以小火久煮到軟，例如「炕肉」、「炕菜」、「炕番薯」。

彰化以焢肉飯著稱，彰化縣政府曾舉辦「彰化焢肉飯節」，焢肉飯的肉大都使用三層肉（五花肉），但彰化也使用「腿庫」，就是豬大腿（又稱豬後腿，指豬後肢的上面部位），華語稱之蹄膀，有人更精確指是蹄膀上方的帶皮後腿肉。

以醬油、糖、米酒、香料來「炕」三層肉，焢肉飯於焉誕生。很多店家會把三層肉放到滷肉飯的滷汁裡一起滷，這樣在白飯上先澆滷肉汁，再放一塊煮軟的三層肉，就是滷肉飯、焢肉飯二合一了。

知高飯

知高飯與焢肉飯一樣都是滷肉飯的升級版，但很多人不知道是指豬的哪個部位？為什麼叫「知高」，怎麼發音跟「豬哥」（台語音 ti-ko）一樣呢？

「豬哥」被雅化為「知高」，確有此事。清《淡水廳志》記載清乾隆林爽文事件（一七八七年）曾寫到「彰化豬哥莊」，當時彰化包含台中，「豬哥莊」是今台中市南屯區文山里的舊地名。「豬哥」之名由來，傳說曾有以「牽豬哥」（牽公豬去各村與母豬配種）為業者居住在此而得名。

或許因「豬哥」名稱不雅，在清末改名「知高」，這是當時文人雅士愛做的事，台中的梧棲港也是改自「五叉」水路。另外，以前有墓碑寫「某公知高」或「某公智高」之墓，都是人的俗名「豬哥」被雅化的。

改名證據如下：清《苗栗縣志》（一八九五年）記載：「知高莊，在縣治之西南，距

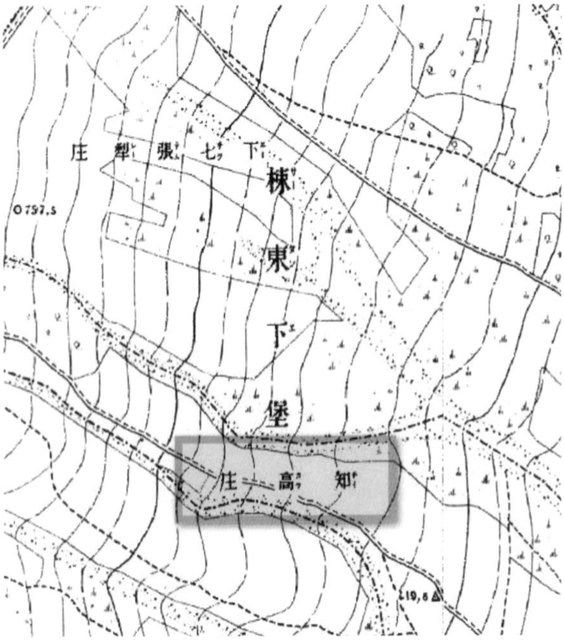

1898~1904 年《臺灣堡圖》中已改名知高

城五十八里。」從日本時代的《臺灣堡圖》（一九〇四年），也可以看到清末的舊地名：知高庄。

知高飯使用的豬肉部位是「腿庫」（豬大腿，豬後腿），但這個「庫」（khòo）字是什麼意思？

日本時代《臺日大辭典》（一九三二年）收錄「腿褲」一詞，指豬、水牛等鬆弛的腿皮。嘿！豬大腿確實像鬆垮的褲子，看來「腿庫」應該正名「腿褲」。

另外，「股」（kóo）指大腿，豬大腿可稱「豬股」，但台語似無此用法，不然「豬股」與「知高」諧音。

豬大腿與三層肉比，皮厚肉多脂肪少，所以「知高飯」也很受歡迎。

豬腳飯

豬腳在廣義上指豬的四肢，但如果與豬腿區分，則指豬腿以下的部位，包括豬小腿（中段）、豬蹄，皮多帶骨，少肉沒什麼脂肪，也很受歡迎。

腿庫

豬腳中段台語稱「中箍」，也叫「四點仔」，以其橫切面可見四根骨頭有如四個點。在整隻豬腳中，中段是很多人最愛、價格最貴的部位。

總之，如果去知高飯專門店，請不要說你要吃豬腳。

豬頭飯

台灣還有一種在台南鹽水、新營才有的「豬頭飯」，不要以為是在白飯上放豬頭！

傳統豬頭飯的做法，先把整個豬頭分割成豬嘴、豬舌、豬頭皮、豬耳朵等部位，以大灶水煮至軟撈起，再把洗好的在來米倒入高湯，先煮再燜熟即成。因此，簡單的說，豬頭飯就是用豬頭高湯煮的飯。

台灣傳統的豬高湯有兩種，一是以「豬大骨」（豬腿骨），湯較清；一是「豬頭骨」，湯濃郁，但在民間一般認為較「毒」。

相對於蓬萊米（粳米），在來米（秈米），黏性較低，口感硬而鬆散，在來米飯是台灣最早的白米飯。

因此，豬頭飯顏色帶黃，香氣四溢，其飯粒粒分明。

豬頭飯的配菜，就是豬嘴、豬舌、豬頭皮、豬耳朵等部位的切片沾醬料。

青椒為什麼叫大同仔？

茄科辣椒屬（Capsicum）植物可分成兩個同屬異種，一是辛辣的「辣椒」，一是相對不辣的「甜椒」，因大而不辣可當蔬菜吃，也稱「菜椒」。「青椒」是台灣常見的甜辣品種，以其綠色故稱青椒。

台灣人吃青椒已有幾十年歷史，一年四季都有生產，價格便宜，被視為一般蔬菜，很受歡迎。台灣人還創造了「青椒牛肉炒飯」，早年是小餐廳有名的炒飯。

青椒又叫大同仔

大同仔比青椒有名

台語稱外來的辣椒為「番薑」，故稱青椒為「青番薑仔」、「大粒番薑仔」，最常見的俗名則是「大同仔」（tāi-tông-á），因普遍使用而被收錄在教育部《臺灣閩南語常用詞辭典》，但多年來一直不知命名由來？

「大同」（tāi-tông）一詞常用在「世界大同」，指安和樂利的世界，為什麼會成為一種菜用辣椒的名字？

因為無法理解，所以有人認為，以青椒的形狀來看，「大同」應該是「大筒」才對，事實上也有人寫成「大筒仔」。

台語「筒」（tâng）指中空的圓柱形器物，例如「煙筒」就是煙囪；另指計算注射針筒或點滴的單位，例如「注一筒」是打一針，「吊大筒」是吊點滴。以此來看，台語「大筒」（tuā-tâng）的讀音跟「大同」（tāi-tông）大不相同啊！

另有一種說法，「大同」就是大家都種相同的品種，看來更是望文生義、沒有根據的說法了。

青椒與大同農場

二〇二〇年，本書作者從臉書朋友那澤聽到一種目前最有說服力的說法：青椒最早栽種在屏東的「大同農場」，以貨車載運到果菜市場。司機被問到運送什麼菜？他看到紙箱上印著「大同農場」大字，隨口就說：「大同仔！」後來，「大同仔」就成為青椒的台語俗名。

哇！原來「大同」之名可能來自「大同農場」。

戰後，國民政府為了安置退除役官兵，在屏東縣長治鄉隘寮成立「大同農場」，一九六〇年代改名「屏東大同合作農場」、「屏東農場」。農場為何命名「大同」？來自戰後國民政府在台灣有很多四維、八德、復興、大同等的政治命名。

青椒品種何時引進台灣？根據王禮陽《台灣果菜誌》（一九九四年）一書，台灣在一九五〇

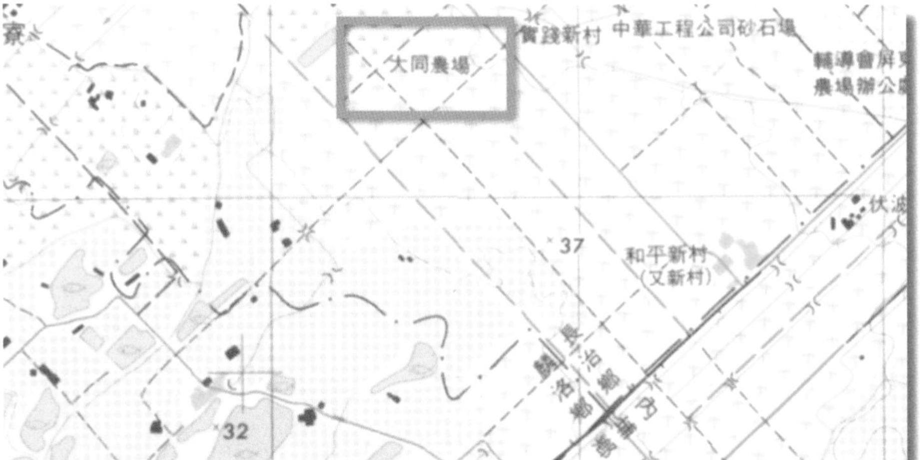

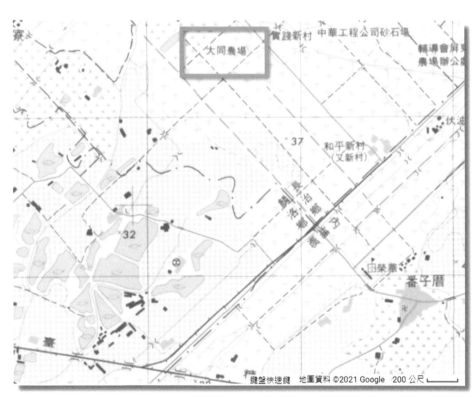

1985 年二萬五千分之一 經建版地形圖上的大同農場

年代才開始栽種甜椒（青椒），初期有腥臭味，後來逐漸改良，早被普遍接受。▼1

青椒品種如何引進台灣？推測是戰後美國依援華法案設立的「農復會」（中國農村復興聯合委員會），在一九五〇至一九六〇年代提供資金、人才和技術協助台灣農業發展，其中很重要的工作是引進、改良各種農作物及家畜的品種。

台灣農作物及家畜品種的引進及改良，是由國家力量來主導的，第一次在日本時代，第二次就是在戰後初期由台美合作的農復會，對台灣後來的農業發展有重大貢獻。

大同農場的前身是日本時代的隘寮戰俘營，稱之「屏東捕虜監視所」，當時戰俘在隘寮溪河床清除砂石，開闢良田種植甘蔗。二戰末期（一九四二至四五年），日本在台灣有十多個戰俘營，戰俘主要是「同盟國」的美國、大英國協軍人。

提供青椒最早出自大同農場給本書作者的臉書朋友那澤說，他是在一九九四年聽一位老先生說的，這位老先生當年是在「屏東捕虜監視所」看守俘虜的台籍日本兵。

青椒最早是否栽種在大同農場？「大同仔」之名是否來自大同農場？本書作者目前從文獻中暫時找不到直接證據，算是從「口述歷史」中得到可能的答案。

◆1
彩色甜椒是一九九〇年代自荷蘭引進的品質，因果肉比青椒肥厚又有甜味，可做生菜沙拉食用。

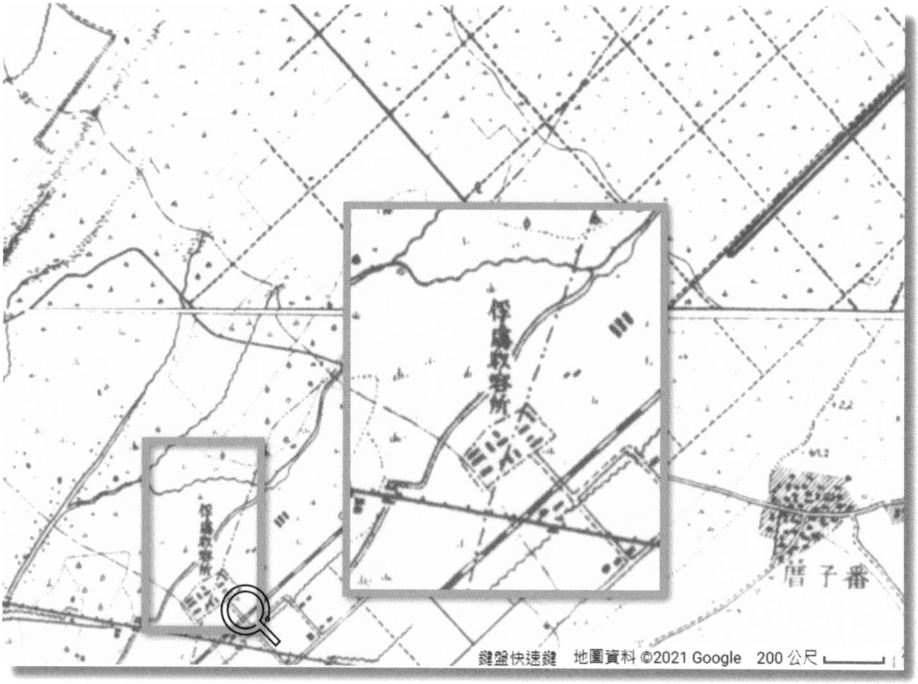

1944 年日治二萬五千分之一地圖上的俘虜收容所

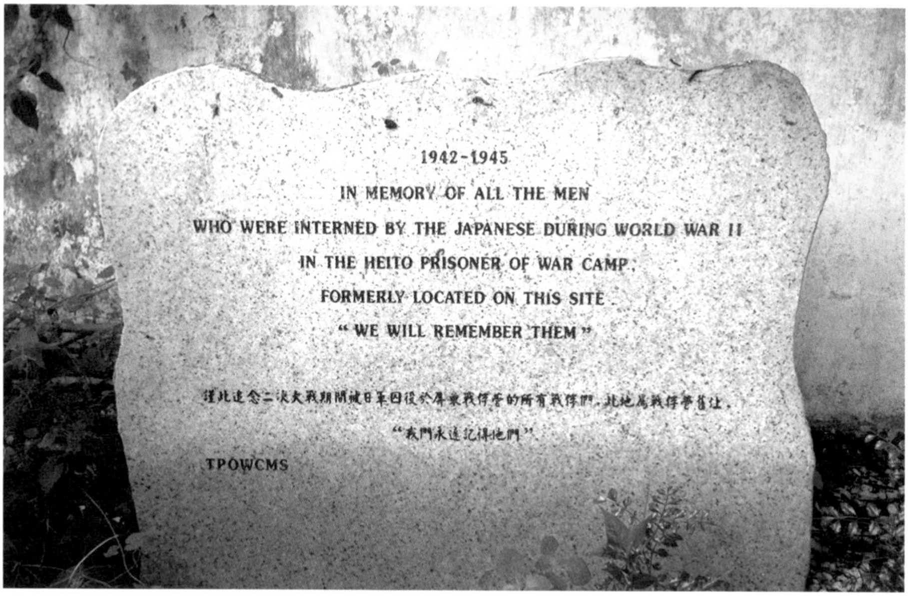

麟洛隘寮戰俘營紀念碑

魚罐頭小史

人類很早就懂得以醃漬、煙燻、曬乾來保存食物，並一直在尋找更好的方法，到了十九世紀初人才發明以煮熟、消毒、封存來保存食物的罐頭，首先用於軍隊需要，到了十九世紀中，各種食物罐頭已經普及民間。

英國在一八一二年設立全球第一家食品罐頭工廠，魚罐頭於焉誕生，改變了人類傳統吃魚的方式。

為什麼台灣老輩稱魚罐頭為三文魚？

台灣自一八六〇年開港後，歐美製造的魚罐頭，透過當時在台灣的英國、德國、美國洋行，開始輸入台灣，最常見的是鮭魚罐頭、沙丁魚罐頭。

歐洲盛產的「大西洋鮭」，英語稱之Salmon。根據

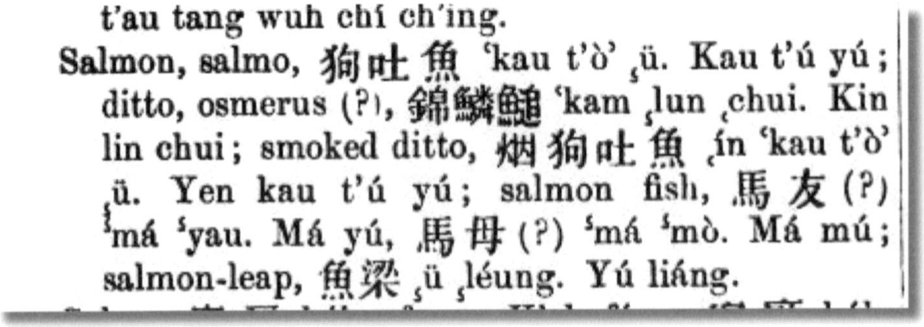
t'au tang wuh chí ch'ing.
Salmon, salmo, 狗吐魚 ʻkau t'ò' ˛ü. Kau t'ú yú; ditto, osmerus (?), 錦鱗鎚 ʻkam ˛lun ˛chui. Kin lin chui; smoked ditto, 烟狗吐魚 ˛ín ʻkau t'ò' ˛ü. Yen kau t'ú yú; salmon fish, 馬友 (?) ʻmá ʻyau. Má yú, 馬母 (?) ʻmá ʻmò. Má mú; salmon-leap, 魚梁 ˛ü ˛léung. Yú liáng.

《英華字典》（一八七二年）中收錄鮭魚的翻譯名「狗吐魚」

當時的英華、華英、英粵字典，Salmon 被翻譯為「馬友魚」、「狗吐魚」，或音譯為「三文魚」、「杉挽魚」等中文魚名，在英國的殖民地香港，以及廈門、台南（安平）、高雄（打狗）等港口使用，後來香港通用「三文魚」至今。[1]

清代晚期，台灣人沒看過鮭魚，但看到了台灣最早的魚罐頭——鮭魚罐頭，就跟著中文稱之「三文魚」（台語音 sam-bûn-hî）。

從清代晚期到日本時代甚至戰後，「三文魚」在台灣是魚罐頭的代名詞。其實，在日本時代，台灣已經有從日本北海道進口的紅鮭，但都是醃製成鹹鮭魚，台語稱紅鮭為「紅鰱魚」，而非「三文魚」，稱鹹鮭魚為「鹹鰱魚」，而非「鹹三文魚」。

今天，台灣生產的魚罐頭，主要以鯖魚、鰹魚、鮪魚製造，但老輩仍然習慣稱之「三文魚」。

◆1

中國沒有鮭魚（Salmon），「鮭」字本指河豚，日文漢字借用來指稱日本北海道魚場盛產的紅鮭（サケ，sake）。一九一七年，中國學者杜亞泉主編《動物學大辭典》，跟著以日文漢字「鮭」來指稱Salmon。台灣在日本時代也跟隨日文漢字「鮭」的用法。

當時Salmon在香港也被翻譯馬友魚，但今天馬友魚在香港指四指馬鮁，可能這兩種魚在外觀上有點相似。四指馬鮁即台灣所稱的午魚。

台灣在日本時代製造的魚罐頭

台灣是海產多元豐富之島，尤其黑潮帶來大量鯖科魚類（鯖、鰹、鰆、鮪），以及旗魚等。

台灣在日本時代開始建立漁業，並且日本人也引進水產教育。日本時代中期以後，先後成立了七所水產學校，由日本專家傳授各種水產知識及加工技術。當時，台灣也設立魚罐頭工廠，各水產學校也會實習研發各種魚罐頭。▼2

當時，基隆生產很多鰹魚罐頭，並以鯊魚肉製造魚丸罐頭。高雄則主要生產鮪魚罐頭。

在水產學校方面，研發製造各種魚罐頭如下：

東港水產補習學校：鯖魚罐頭、旗魚罐頭。

澎湖水產補習學校：鯛魚豆醬罐頭、鰹魚罐頭、沙丁魚番茄醬罐頭。

安平水產專修學校：燻製虱目魚罐頭。

◆2

吳文星《日治時期台灣的水產教育——以師資分析為中心》，國史館館刊第四十一期（2014年9月），頁43-75。

番茄汁鯖魚罐頭紅色與黃色有何不同？

戰後，台灣製造的番茄汁鰹／鯖魚罐頭，因好吃又便宜而廣受歡迎，也常被用來當拜拜的祭品。

今天，三興、同榮、好媽媽、老船長等品牌的番茄汁鯖魚罐頭，都有黃罐與紅罐兩種顏色，但仔細看標示的內容物，並無不同之處，連價格也一樣。如果黃罐與紅罐完全一樣，為什麼要做兩種？讓人好奇。這是多年謎題，出現各種說法，但大都是猜測。

本書作者在宜蘭南方澳漁港直接詢問三興總店，答案如下：

早年的番茄汁魚罐頭，黃罐是鯖魚，紅罐是鰹魚。鰹魚罐比較便宜，又是紅罐適合拜拜，在桃竹苗客家地區賣得最好。

後來因鰹魚產量不足，改成只做鯖魚罐魚。在這種情形下，本來應該不再有紅罐（鰹魚罐頭），但因桃竹苗已習慣紅罐，所以鯖魚罐頭在桃竹苗就改成紅罐，中南部及

今日市面上的蕃茄鯖魚罐頭常有黃紅二色

東部則是維持黃罐，北部地區因有各地的人來工作，所以有黃罐也有紅罐。

總之，黃罐與紅罐完全一樣，請大家告訴大家。

鮪魚罐頭為什麼叫海底雞？

鮪魚罐頭在台灣很受歡迎，俗稱「海底雞」，為什麼會以魚肉比擬雞肉？

台灣有一家鮪魚罐頭的品牌「紅鷹牌海底雞」，一九七八年由活寶食品公司創立於宜蘭縣冬山鄉。一九八二年，該公司曾請已故諧星石松、葛小寶拍廣告片，葛小寶說：「不是肉雞喔！」石松說：「比土雞還好吃！」

鮪魚罐頭以「海底雞」為名，訴求有如雞肉的色澤及口感。其實，此一概念來自日本與美國。

日本靜岡是日本鮪魚罐頭發源地，日本鮪魚罐頭大廠Hagoromo於一九三一年在此創業。Hagoromo是日文「羽衣」的

◆3
根據「羽衣傳說」：從前，三保半島的漁夫，看到松樹上有一件美麗的衣裳，他想要帶走時，從天而降一位仙女說：「這是我的羽衣，請還給我。」漁夫不肯，仙女哭著說：「我不穿羽衣無法回到天上啊！」漁夫才說，他想看天上的舞蹈，如果仙女可以跳給他看，他就歸還羽衣。仙女穿上羽衣，緩緩起舞，愈飛愈高，最後消失在遠方的富士山。

羅馬字，出自靜岡市清水區三保半島的「羽衣傳說」。▼3

一九五八年，Hagoromo以「シーチキン」（shīchikin）之名註冊商標，取自英語Sea Chicken。

Sea Chicken的概念則來自美國。一九一四年，商人Frank Van Camp買下California Tuna Canning Company（加州鮪魚罐頭公司），改名為Van Camp Seafood Company，並想出以「Chicken of the Sea」來描述鮪魚罐頭的美味，結果非常成功，隨即就把公司改成這個名字。

鮪魚罐頭的爭議

二〇一八年十一月，根據新聞媒體報導，衛生福利部食品藥物管理署認可標示「鮪魚罐頭」也可使用「正鰹」為原料，並稱這是國際通例。

鮪魚英文Tuna，正鰹的英文是Skipjack Tuna或Striped Tuna，所以有人把正鰹簡稱Tuna。▼4

◆4
在台灣，鮪魚的台語叫「串仔」（tshǹg-á），中文稱之「鮪魚」，發音ㄨㄟˇㄩˊ，在全世界獨一無二。台灣中文所稱的「鮪魚」，源自日文まぐろ使用的漢字「鮪」。但鮪魚在中國大陸稱之「金槍魚」，在香港則是音譯英語Tuna稱之「吞拿魚」。

報載，食藥署強調必須是鯖科的正鰹（Katsuwonus pelamis）才能稱之鮪魚。

不過，台灣業者以正鰹充當鮪魚製造罐頭，據說早就是公開的祕密了。

事實上，還有一種鯖科的「東方齒鰆」（Sarda orientalis），也已經標示鮪魚罐頭上市。

正鰹台語俗稱「煙仔」，東方齒鰆台語俗稱「煙仔虎」，在基隆八斗子觀光漁港稱之「小鮪魚」。▼5

在日本，鮪魚罐頭與鰹魚罐頭則是有所區分，鮪魚罐頭標示まぐろ（マグロ，maguro），鰹魚罐頭標示かつお（カツオ，katsuo）。如果混合鮪魚、鰹魚，則會在成分中會說明。

◆5

煙仔虎之名由來，一般都說因追捕「煙仔」（正鰹）而得名，類似「飛烏虎」（鬼頭刀）追捕「飛烏」（飛魚）。但在鯖科（Scombridae）的鯖、鰹、鰆、鮪四類魚中，煙仔虎與馬鮫、土魠同屬鰆魚，但體型最小，最長約一百公分，與正鰹、巴鰹差不多。以此來看，煙仔虎只能追捕小煙仔。

事實上，煙仔虎與煙仔的外形很像，兩者最大的不同是身上的條紋，煙仔虎的橫紋在背部，煙仔的橫紋在腹部。此外，煙仔虎的牙齒比煙仔粗疏而尖利，故又名「疏齒煙」，或許這也是「虎」名的由來。

如果看魚肉，煙仔虎是白肉，煙仔是紅肉。

台灣素食小史

台灣素食普及而多樣化，到處都有素食餐廳，連超商也設素食專區。台灣不但被國際媒體列為「素食友善國家」（Vegetarian-friendly countries），還是全球素食材料「素肉」（Meat analogue，Vegetarian meat）供應中心，堪稱素食大國，這些都建立在台灣擁有相對廣大的素食人口。▼1

台灣有多少素食人口？因涉及素食的定義和期間，數字不好統計，也少見正式調查。在素食定義上，一般可分「素食」（Vegetarianism），可包括奶蛋素，以及「全素」（Veganism）。在素食期間上，可分長期吃素，以及彈性吃素（早齋、齋日、初一和十五等）吃素。

根據財團法人食品工業發展研究所在二〇〇八年公布的「台灣食品消費調查統計年鑑」，推估台灣的素食人口約占十分之一，其中長期全素的人口約占百分之二。另外，宗教與健康是台灣民眾選擇吃素的主要原因。

◆1
英國旅遊雜誌Wanderlust，報導「素食旅行者的七個最佳國家」（7 of the best countries for vegetarian travellers），包括印度、斯里蘭卡、義大利、黎巴嫩、印尼、台灣、英國。（2019年5月13日）

近年來，根據各國際媒體對各國素食人口比例的相關報導，台灣素食人口比例都是名列前茅，在百分之十三至十四，約有三百三十萬素食人口，並有六千家素食餐廳。有國際媒體指出，台灣因有大量素食人口，所以政府要求素食食品的標示是全球最嚴格的。▼2

在台灣，素食依吃素原因可分成：宗教素、健康素、環保素（反對畜牧業排放大量溫室氣體破壞地球環境）、人道素（反對以不人道方式飼養和屠宰動物），其中以宗教素居多。

從歷史上來看，台灣的宗教素歷史悠久，這與台灣傳統「在家佛教」的影響有關。

在家佛教的興起

中國明朝中期，山東佛教徒羅清開創「在家佛教」的思想（史稱羅教），主張在家吃素誦經，在日常生活中修行，結果廣受中下階層民眾歡迎。羅教沒有中心組織，後來在各地出現流派，成為結合儒釋道教義的宗教運動和民間信仰，盛行一時。

◆2
根據英文維基百科的Vegetarianism by country（各國素食人口統計資料），採自二〇一〇年以來各種相關統計的綜合粗估，前六名依次是印度20-40%、墨西哥19-20%、巴西14%、瑞士14%、台灣13-14%、以色列13%，其他日本9%、英國7%、美國5-8%、中國4-5%。不過，以上素食人口以彈性吃素居多。（2021年4月30日）

清代，羅教各流派繼續流傳並擴大勢力，威脅了正統佛教，也開始遭到官方打壓。

從明末到清代，羅教各流派傳入台灣，主要有明崇禎年間的金幢派、清道光年間的龍華派、清咸豐年間的先天派，其中以先天派持戒禁葷食最嚴格。當時，台灣傳統社會救濟組織不足，羅教系統在台灣各地發揮了補助作用。

根據荷蘭時代的相關文獻，台灣的素食人口，在荷蘭時代就已經有了。

有人認為，荷蘭時代的華人是短期來工作，如果死亡遺體會運回原鄉。事實上，台灣在荷蘭時代已逐漸形成華人社會，一旦有人死亡，就需要僧道處理。當時已經有華人葬儀，甚至還有孝女哭墓的習俗。當時可能沒有佛教和尚，但因社會上流行在家佛教，

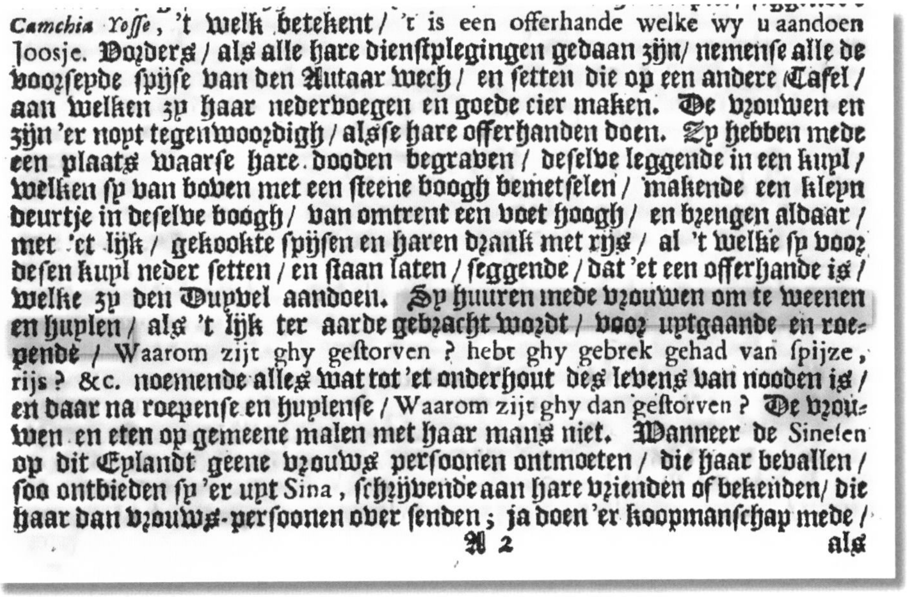
Camchia Yoſſe, 't welk betekent / 't is een offerhande welke wy u aandoen Joosje. Vorders / als alle hare dienſtplegingen gedaan zijn/ nemenſe alle de voorſeyde ſpijſe van den Autaar wech / en ſetten die op een andere Tafel / aan welken zy haar nedervoegen en goede cier maken. De vrouwen en zijn 'er noyt tegenwoordigh / alsſe hare offerhanden doen. Zy hebben mede een plaats waarſe hare dooden begraven / deſelve leggende in een kuyl / welken ſy van boven met een ſteene boogh bemetſelen / makende een kleyn deurtje in deſelve boogh / van omtrent een voet hoogh / en brengen aldaar / met 't lijk / gekookte ſpijſen en haren drank met rijs / al 't welke ſy voor deſen kuyl neder ſetten / en ſtaan laten / ſeggende / dat 'et een offerhande is / welke zy den Duyvel aandoen. Zy huuren mede vrouwen om te weenen en huylen / als 't lijk ter aarde gebracht wordt / voor uytgaande en roepende / Waarom zijt ghy geſtorven ? hebt ghy gebrek gehad van ſpijze, rijs ? &c. noemende alles wat tot 'et onderhout des levens van nooden is / en daar na roepenſe en huylenſe / Waarom zijt ghy dan geſtorven ? De vrouwen en eten op gemeene malen met haar mans niet. Wanneer de Sineſen op dit Eylandt geene vrouws perſoonen ontmoeten / die haar bevallen / ſoo ontbieden ſy 'er uyt Sina, ſchrijvende aan hare vrienden of bekenden/ die haar dan vrouws-perſoonen over ſenden ; ja doen 'er koopmanſchap mede /

A 2 als

文獻記載漢人喪葬僱請女人來哭（孝女白琴）（Verhaal Van de Vero Vering Van 't Eylant Formosa, Door de Sinesen, Op Den 5 Julii, 1661: Uyt Het Frans Vertaalt）。

所以在家佛教信徒會前往喪家燒香誦經，應該是合理的推論。

另外，由於荷蘭人不准台灣有寺廟，所以華人移民就把從原鄉帶來的神像，擺在家中祀奉，其中也有釋迦、觀音像，更可見當時已經有在家佛教信徒。

日本時代的齋教

日本時代，台灣總督府為了統治台灣，首先進行「舊慣調查」，發現金幢教、龍華教、先天教三教都強調食齋，教徒自稱「食菜人」、互稱「菜友」，供佛、聚會的場所稱「齋堂」，故統稱「齋教」。

當時在台灣總督府擔任通譯官的片岡巖，在他的著作《臺灣風俗誌》（一九二一年）中提及齋教徒對齋教的看法：很多剃髮、穿法衣的佛教僧尼，其實是為了糊口才出家，所以能守佛教戒律的很少，更別說研讀佛法渡化眾生，住在寺廟也不事生產。齋教徒雖然不剃髮、不穿法衣，但通曉教義、嚴守戒律，不愧教徒，又都有職業，盡了國民本分。

當時齋教在台灣的影響力比佛教還大，一九二一年發生的「西來庵事件」（噍吧哖事件），領導人余清芳就是以齋教名義及勢力展開武力抗日行動，在日本軍警鎮壓下，共一千多人死亡，近兩千人被捕。此後，台灣總督府開始整飭監管台灣民間信仰。

齋堂內の正廟（齋場）
正面に主祀の觀音像を奉祀し菜食
人は朝夕禮拜讀經する

齋堂全景（臺北市南隅觀音山）

日治文獻上的齋教照片

戰後，中國佛教入台，齋教開始式微，很多信徒轉向正統佛教信仰。不過，有些齋教信徒轉信「一貫道」，盛行至今，擁有廣大信徒。

中國佛教在台灣，從一九八〇年代開始盛行至今，因倡導「人間佛教」，也使台灣維繫相當多的宗教素食人口。

台灣新蔬食

一九九〇年代，台灣在宗教素的基礎下，加上健康素、環保素、環保素的興起，發展了與傳統「素食」不同的「蔬食」。

以中國佛教、道教為本的素食，有「五辛」（又稱五葷：蔥、薤、韭、蒜、興渠）的禁忌，即把蔥、蒜、韭、蕗蕎類等有辛味的蔬菜也視為葷食，因為吃了會刺激性欲，並在口中產生臭味。

五辛之說出自《楞嚴經》：「是五種辛，熟食發淫，生啖增恚。如是世界食辛之人，縱能宣說十二部經，十方天仙嫌其臭穢，咸皆遠離。諸餓鬼等，因彼食次，舐其脣吻，常與鬼住，福德日銷，長無利益。」

以白話簡譯：五辛吃熟的會發春，吃生的愛生氣，天仙離開你，餓鬼黏著你。

然而，想吃素的人未必是宗教信徒，不必有「葷菜」的禁忌，何況蔥、蒜、韭是既美味又可調味的蔬菜。

如此，沒有五辛禁忌的「蔬食」，在烹飪上有更大的空間，掛出「蔬食」招牌，講究跨國、創意的素食餐廳愈來愈多，也促進台灣素食人口的增加。

貧窮年代的下飯菜

台語俗諺說：「翁仔某，食菜脯」、「翁仔某無相棄嫌，菜脯根罔咬鹹」，勸告世間夫妻要珍惜緣分、不離不棄，只要彼此相愛，即使三餐只吃稀飯配蘿蔔乾，日子也可以過得很快樂。

在貧窮年代，「菜脯」（tshài-póo，蘿蔔乾）、蔭瓜（ìm-kue，醬瓜）是最常見、最便宜的醃製蔬菜，只要夠鹹，就可以下飯，通常還沒有白飯，只有稀飯，甚至加了番薯的稀飯。

台灣是海島，海產的醃製品便宜又富含蛋白質，也是很好的下飯菜，最常見的是「魚脯仔」（hî-póo-á，小魚干）。此外，窮人家特別知道還有哪些便宜又好吃的下飯菜。

鹹鮭

「鹹鮭」（kiâm-kê，又寫作鹹膎）指鹽漬的魚蝦貝類，很鹹但有發酵的美味，一般裝在玻璃瓶，非常下飯，早年常是早餐吃稀飯的配菜。

清代台灣方志記載的「魚蝦醃為鮭」，可謂台灣傳統的飲食文化，歷經日本時代到戰後初期都還存在，後來逐漸消失，但今天在澎湖、台南、鹿港、金山還可見少數商家販售以魚、蝦、螺、蚵、小卷等海產所做的「鮭」。

鹹花飛

鯖魚台語俗稱「花飛」（hue-hui），黑潮帶來大量鯖魚，成為台灣捕獲量最大的魚種，不論生煮或做成罐頭、鹹魚，提供庶民廉價又美味的高蛋白食物。▼1

然而，鯖科魚類很容易腐敗，魚體內的「組胺酸」（Histidine）會轉化為「組織胺」（Histamine）等毒素，引起「組織胺中毒症」，俗稱「鯖魚中毒」。因此，早年因沒有冷藏設備，新鮮鯖科吃不完就可做成「鹹花飛」，即以鯖魚做成濕的鹹魚。

早年，鹹鯖魚是台灣最常見的鹹魚，煎過後就成鹹香美味的下飯菜，幫助窮人家的孩子在飲食上取得成長所需要的營養。

◆1
根據中研院《台灣魚類資料庫》，台灣常見的鯖魚有兩種，主要是「花腹鯖」（Scomber australasicus），又稱澳洲鯖；另一種是「白腹鯖」（Scomber japonicus），又稱日本鯖。

四破魚

「四破」（sì-phuà）是台語魚名，指「長身圓鰺」，屬趨光性魚種，早年在台灣沿海是常見、漁獲量很多的魚種。▼2

清康熙《福建通志台灣府》（一八六六年）記載：「四破魚，似鰮而無鱗，性嗜火，大武崙至三貂一帶海邊居民，昏夜以二艇，共張一罾，另一小艇持炬引之，群魚望火而來，罾中得魚無數。」

這段話的「鰮」指沙丁魚，「罾」指魚網，描述清代基隆大武崙至新北三貂角的漁民，已懂得利用四破魚的趨光性，在夜晚搭小船出海，點火把張網捕魚。

四破魚因富含脂肪酸容易氧化變質，所以很早就發展了特別的處理方法：漁船靠岸後，四破魚隨即用鹽水煮過，再以熟魚販賣。

◆2
根據中研院《台灣魚類資料庫》，「鰺科」（Carangidae）「圓鰺屬」（Decapterus）的三種魚：「藍圓鰺」（Decapterus maruadsi）、「長身圓鰺」（Decapterus macrosoma）、「領圓鰺」（Decapterus macarellus），都俗稱四破。但民間有不同看法，很多釣魚達人指藍圓鰺是「巴郎」（pa-lang），長身圓鰺才是四破。

煮熟的四破魚價格低廉，但煎過後鹹香好吃、非常下飯，所以成為很受歡迎的平民美食，今天很多人的飲食記憶中都有四破魚的滋味。

狗母魚

台灣四周及離島海域有一種「狗母魚」（台語 káu-bó-hî），又叫「狗母梭」（káu-bó-so），此魚與母狗無法聯想，魚名讓人好奇。▼3

清代台灣方志記載的「狗母魚」，大概都是：「長尺餘，有細刺，魚之粗劣者。」

狗母魚因長相不好又多刺，被列為下等魚，但早年一般人家會買來炒成魚鬆，卻十分美味，成為現在很多人的童年美食記憶。

今天，因狗母魚產量很少，狗母魚鬆的價格反而比旗魚鬆、鮭魚鬆貴。

◆ 3
根據中研院《台灣魚類資料庫》，「合齒魚科」（Synodontidae）「狗母魚屬」（Synodus）的花斑狗母魚、大頭狗母魚、台灣狗母魚（台灣特有種），以及「蛇鯔屬」（Saurida）的長體蛇鯔、細蛇鯔、多齒蛇鯔等，都俗稱狗母魚、狗母梭。
狗母梭的「梭」，指織布時往返牽引緯線（橫線）的工具，狗母梭的頭型很像梭子，故得名。
「狗母」則因與二十四節氣之一「穀雨」（台語念文讀音kok-ú）諧音而被誤寫，此魚的命名與「穀雨」（陽曆四月十九日至二十一日）有關，因在此節氣大出，故稱「穀雨魚」，下一個節氣是「立夏」（陽曆五月五日至七日）。

台灣如何成為小吃王國

台灣美食以小吃著稱，早已引起國際媒體的注意和肯定。

CNN Travel 網站曾推薦四十種台灣小吃，把「小吃」直譯為 Small eats，並說：「台灣有很多小吃是了不得的事」（Small eats, and a lot of them, are the big thing in Taiwan.），「台灣的飲食哲學是常常吃、好好吃」（The culinary philosophy here is eat often and eat well.）。▼1

日本作家、資深媒體人野島剛在專欄文章〈台灣料理和米其林風馬牛不相干〉點出，台灣料理的真髓在於「便宜、好吃、日常性」的美食小吃。▼2

新加坡聯合早報專欄曾以「小吃力量大」為題，介紹台灣小吃文化的力量，並說可成為「台灣軟實力」的延伸。▼3

◆1
二〇一五年七月CNN travel 刊出：40 of the best Taiwanese foods and drinks--from gua bao to bubble tea（四十種台灣最好的食物和飲料——從割包到珍珠奶茶），作者以英文翻譯、說明這四十種台灣美食小吃。

◆2
二〇一八年三月二十三日《蘋果日報》「蘋中信」專欄，針對台灣料理餐廳沒有很多入選首屆《台北米其林指南2018》，野島剛發表看法。

◆3
二〇一〇年一月二十三日中央社報導。

台灣小吃的源起與興盛

台灣是多元族群、多元文化的移民社會，各種飲食文化在台灣傳承、融合、創新，尤其表現在各式各樣的庶民小吃。

所謂小吃，本來的定義是相對於正餐（台語稱正頓），在台灣早年稱之「點心」。一個地方的居民，取用當地的食材，加以簡單的烹調，做出了分量不多、價格低廉、可以隨時隨地販賣的小吃。

台灣小吃的起源與興盛，主要來自不斷的新移民。初來的新移民，其中有生活困難的人，常會製作、販賣原鄉食物謀生。另一方面，台灣社會一直有自食其力的觀念，很多因故失業的人，也常選擇擺攤、做小吃生意。

台灣最早的閩粵移民，在開墾山林、耕耘田地時，就會有人挑著擔子來現場做小吃生意。

早年的泉州、漳州、福州、潮州、客家等移民族群，

平價牛排是台灣夜市的固定班底

各自帶來原鄉守護神的分靈，在新故鄉建廟，廟不但是信仰的中心，也成為交誼、市集的場所，吸引各種小吃攤在此集結，所以台灣各地都產生了「廟口小吃」。

然後，隨著人口的增加，每個地方開始出現菜市場，每天有人來買菜，所以菜市場周邊也是做小吃生意的好地方。

每個地方逐漸發展、進步之後，因為食材愈來愈多樣、烹調愈來愈繁複，小吃也就跟著愈來愈豐盛、精緻了。此時，小吃可以只為解饞，也可以當做正餐，甚至變成餐廳的菜色。

今天，台灣無數的小吃攤店，散布在台灣各地的路邊、市場、老街、廟口、夜市，以及百貨公司的美食街。很多常見又歡迎的小吃，像擔仔麵、滷肉飯等，更打進了餐廳、五星級飯店，甚至成為國宴的菜色。

相對的，有些餐廳的珍餚也可以變成小吃，像滷肉飯攤上有小盅的佛跳牆，小餐車上有零賣的北京烤鴨，夜市有平價的牛排、鐵板燒、生魚片等。此外，台灣傳統食補的各種燉補，都能做成小盅放入蒸籠，讓人在夜市小吃攤店就可以進補。

台灣小吃的多樣化

台灣小吃依食材可分為米食、麵食、豆類、肉類、海產、甜點、冰品等，最早源自閩菜、客家菜，後來加入日本料理，戰後更傳入中國各省名菜，以及歐美、南亞、東南亞等世界各地的美食，在台灣經過本土化甚至發揚光大，造就今天琳瑯滿目的台灣小吃。

例如：以米豆做成條狀的豆簽，本來是泉州安溪小吃，因當地不靠海，大都加絲瓜煮湯。但豆簽傳來台灣後，改加蚵仔、蝦仁、花枝等海產，變成台灣味的豆簽羹。

台灣各地的特產及烹調的不同，也會使同一種小吃產生更多的變化。

例如：以魚漿做成的魚丸，依產地的魚種就有旗魚丸、鯊魚丸、鰻魚丸、鬼頭刀魚丸、虱目魚丸等，此外還有以魚漿包肉燥內餡的福州魚丸、淡水魚丸，以及用魚漿包新鮮肉餡的創新魚丸。

台灣的肉粽有「頂港粽」（北部粽）、「下港粽」（南部粽）、客家粽、原住民粽等之分。台灣的香腸，基隆廟口的「一口吃香腸」只有拇指大，台北士林夜市的「士林大香腸」卻有小手臂粗（約三十公分），屏東離島小琉球（琉球鄉）的「蚊香香腸」可盤到長達兩百公分。

台灣小吃的多樣性，從早餐就可以看出，如果與世界各地比較，台灣的早餐不但方便、便宜，還有無數的選擇，這是很多台灣人因習以為常而沒有察覺的幸福。

台灣人的早餐可以吃到各種米食或麵食，台式、中式、日式、西式、越式等都有，甜的或鹹的，乾的或湯的，蒸煮、煎炸或燒烤，內用或外帶，大街小巷各式各樣的早餐店，任君選擇。

台灣大多數的小吃，在早餐就能吃到。每個縣市除了有全台都有的早餐，還有地方特色的早餐，台灣人吃早餐是一天美好的開始。

台灣便當是台灣小吃的延續，也是琳瑯滿目，有台灣傳統的焢肉、排骨、雞腿等便當，也有港式燒臘便當，而且還多了在香港沒有的配菜，此外還有日式便當等。

台灣的「便當」一詞源自日本，但相對於日本便當講究形式美觀，台灣便當則強調用料實在，不但有主菜，而且是熱食，所以很受日本人歡迎。▼4

◆4
台灣在日本時代蒸汽火車鐵路中途站開始出現「便當」（台語音piān-tong），源自日文「弁当」（bentō），戰後「便當」一詞轉成華語。這種攜帶方便的餐盒，在中國稱「盒飯」，香港以前稱「飯盒」。

台灣小吃的氣味

如果以佛法的「六根」（眼耳鼻舌身意）與「六塵」（色香聲味觸法）來談飲食文化，人類的飲食記憶在食物本身的色、香、味之外，還有食物之外的聲、觸、法，包括人情、場域、懷舊、鄉愁、歷史、典故等。

以此來看，如果在小吃街道吃小吃，攤販及周邊場域的人、聲音、空氣等，都是小吃的氛圍，難怪會讓人產生懷舊和鄉愁。

每個地方的小吃，都與當地的族群、歷史、文化、產業有關。小吃攤店集中的老街、廟口，隱藏了多少先民的歷史？值得探索。當我們發現原來小吃的背後還有故事，就會在美味之外又多了人文味。

台灣小吃不但是台灣的文化資產，還是台灣重要的觀光資源。

台灣發明的外地料理

當世界各地美食在台灣匯集，自然會產生融合，進而創新，於是就創造了新的美食，雖然以外地料理為名，卻是當地沒有的料理。

例如：台灣的溫州大餛飩，在溫州找不到。台灣的川味紅燒牛肉麵，在四川也找不到。台灣有蒙古烤肉，但蒙古沒有這樣的烤肉。台灣的川菜餐廳有五更腸旺，但四川並沒有這道菜。台灣的泰國餐廳有月亮蝦餅，但泰國也沒有這道菜。

台灣如何「發明」這些外地料理？背後又有什麼歷史和故事？

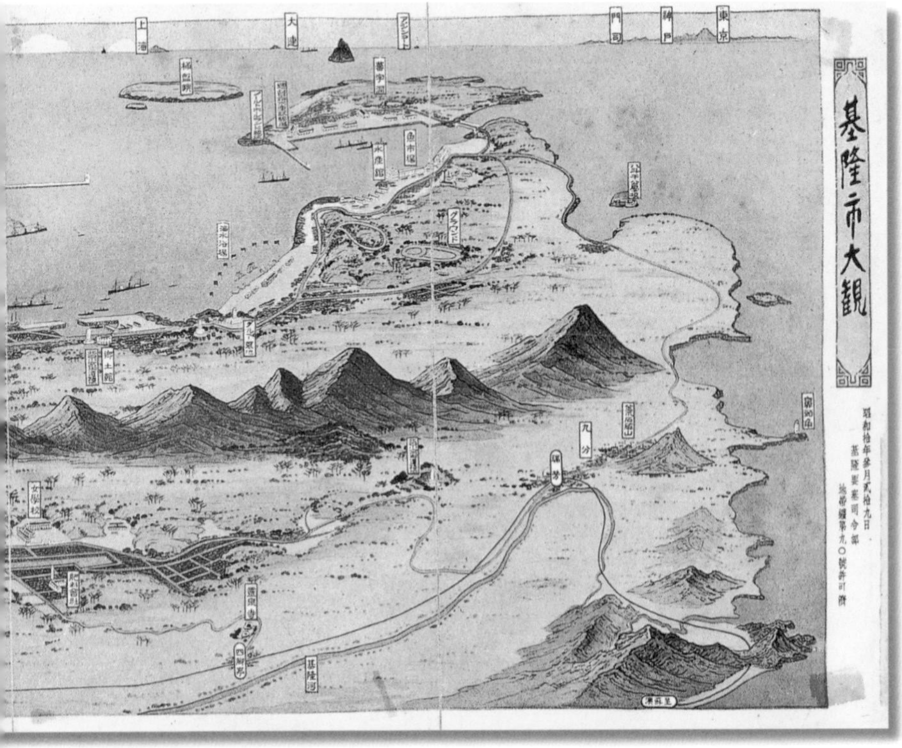

基隆西岸碼頭建有「貯炭場」，附近聚集工人負責將煤炭搬上船

溫州大餛飩

中國各種菜系匯集台灣，在中國各地有些內容相似而名稱不同的食物，例如以麵粉薄皮內包肉餡的食物，福建稱之「扁食」，廣東稱之「雲吞」，四川稱之「抄手」，浙江及北方稱之「餛飩」，在台灣都有，後來以華語稱「餛飩」（ㄏㄨㄣˊ・ㄉㄨㄣ）者最多。

台灣人口以福建漳泉籍居多，所以最早只有扁食。台灣清代、日本時代的文獻幾乎沒有「餛飩」一詞，只有清末《恆春縣志》（一八九四年）說「餛飩，俗名扁食」，而總編纂屠

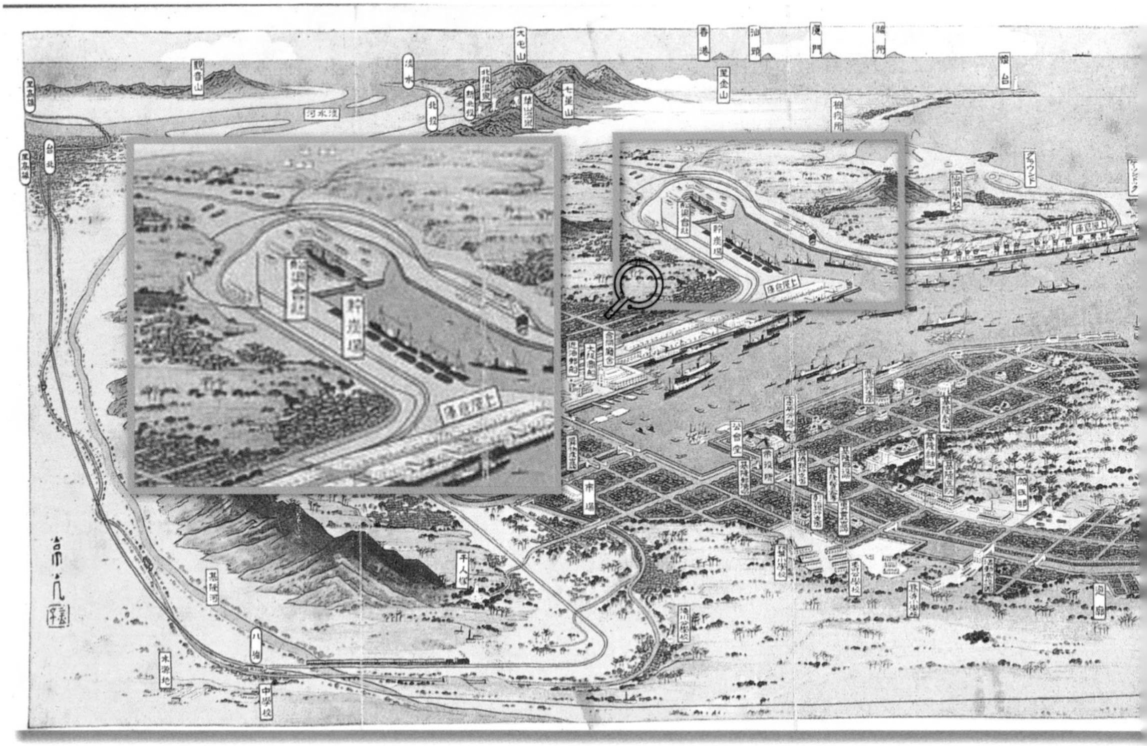

繼善是浙江人。

扁食因肉餡以木槌打扁而得名，比現在的餛飩小，使用豬骨高湯，講求濃郁。

戰後，台北出現「溫州大餛飩」，餛飩比扁食大很多，但湯較清，還加了紫菜、榨菜、蛋絲等。

一般以為戰後才有浙江溫州人來台，其實溫州在福州上方，離台灣不算太遠，從十六世紀以來就跟台灣有海上（海賊）的關係，清代台灣文獻也記載有零星溫州人來台灣，但較大規模移居台灣則在日本時代。

一九三〇年代，日本人招募大批溫州人前來基隆採運煤礦（另一部分在金瓜石金礦場），或是在基隆港當碼頭工人，集中住在今基隆港西岸第六碼頭後面山腰上的宿舍，基隆人俗稱「溫州寮」至今。

此外，戰後也有不少浙江人前來基隆，已故前基隆立委劉文雄即溫州人，再加上一九五五年浙江沿岸大陳島移民，使基隆成為浙江人在台灣的大本營。

以此來看，台灣的餛飩最早應該是浙江溫州人引進，可能先在基隆賣。本身是基隆溫州人後代的餐飲品牌行銷顧問劉蓓蓓說，可能基隆浙江人第二、三代在戰後前往台北賣餛飩謀生，故意把餛飩做大，打出了「溫州大餛飩」的名號。

川味紅燒牛肉麵

台灣傳統一般人不大吃牛肉，直到戰後出現「川味紅燒牛肉麵」，才打開吃牛肉的風氣。今天牛肉麵已成為最具代表性的台灣麵食，台北市政府自二〇〇五年起舉辦「國際牛肉麵節」。

台灣如何創造牛肉麵？一般都根據已故台大歷史系教授、飲食文學作家逯耀東的說法：大江南北都有不同形式與風味的牛肉湯、牛肉麵，唯冠上「川味」的紅燒牛肉麵是台灣獨創，四川當地並無此味。戰後，四川的成都空軍官校遷到高雄岡山，空軍眷屬多為四川人，他們以四川郫縣的方法在岡山製造豆瓣醬，再以四川成都用豆瓣醬熬煮「小碗紅湯牛肉」的作法，在台灣創造了「川味紅燒牛肉麵」，所以可說是起源於岡山，後來流行於台北。

品牌行銷顧問劉蓓蓓在二〇〇五年為台北市政府策畫、創辦首屆牛肉麵節，即引用逯耀東的說法，介紹台灣牛肉麵的起源。

美食家梁幼祥在二〇一一年出版的《滋味》一書中，也提到台灣牛肉麵的起源：「台大教授逯耀東說源自岡山外省老兵，但也有人說源自台北中華路，不論如何，確是老兵退伍後，為了謀生在麵攤上精調出來的美味。」

台灣的牛肉麵在價格上可謂高檔的庶民美食，至今仍在繼續發展中，在口味上仍以川味紅燒為主流，但也有清燉、番茄、咖哩、沙茶、麻辣等多種口味，在牛肉材料上則出現牛小排牛肉麵、和牛牛肉麵等。

蒙古烤肉

蒙古烤肉在一九五〇年代開始在台灣出現，曾經盛極一時，連五星級飯店自助餐也提供這道料理。

蒙古烤肉其實不是以炭火烤肉，而是類似自助餐吃法，客人先挑選各種肉類、蔬菜及醬料，再交由廚師在大圓鐵板上翻炒，可謂「客製化」的美食，而且一般都採吃到飽形式，所以很受歡迎。

然而，這種肉食真的是蒙古人的吃法嗎？台灣又如何與遙遠的蒙古拉上關係？

原來，蒙古烤肉是祖籍北京的相聲大師吳兆南在台灣所創。一九五一年，他以家鄉的烤肉料理，在台北開創以蒙古烤肉為名的吃到飽烤肉餐廳，讓人想像在北方大草原烤肉的風味。

後來，吳兆南接受電視訪問說明由來，因為當年台灣還在戒嚴時期的白色恐怖氣氛下，以「北京烤肉」、「北平烤肉」為名都犯忌諱，他隨便就想到可用「蒙古 Barbecue」、「蒙古烤肉」。

台灣在二〇〇〇年代出現以孜然（又稱小茴香）為主要調味料的「蒙古火鍋」，號稱是元太祖成吉思汗享用的養生火鍋，其實也是在台灣發明的另一種「偽蒙古料理」。

五更腸旺

台灣川菜餐廳的名菜「五更腸旺」，風靡台灣幾十年，連非川菜餐廳、一般熱炒店也都有這道菜，甚至飄洋過海到了美國的中餐廳。

五更腸旺是以豬大腸、鴨血、酸菜為主要食材的麻辣料理，看來是典型的川菜，但正宗川菜卻沒有這道菜。後來真相大白，原來這是早年台灣川菜師傅改良的「台式川菜」。

五更腸旺原名「五更腸血」，因「血」字不吉利，而中國西南地區稱動物的血為「血旺」，鴨血即「鴨血旺」，故改名「五更腸旺」，而「旺」字有昌旺之意，「腸旺」更寓意「長旺」。

◆1

「五更爐」是古代公子夜讀侍女用以煮宵夜的小火爐，典故出自中國唐朝顏真卿的詩〈勸學〉：「三更燈火五更雞，正是男兒讀書時。黑髮不知勤學早，白首方悔讀書遲。」

「五更」本意為凌晨三點至五點，這裡指「五更爐」，古代夜間使用的小火爐，這道菜就是以煨煮（小火慢煮）而成，端上餐桌時下面還放著小火爐（酒精燈）保持熱度。▼1

「五更腸旺」的原型是名為「毛血旺」的川菜，使用鴨血及雜碎煨煮而成。「毛」本為「冒」，四川「冒菜」指以底湯煮成的各種菜。

五更腸旺受到廣大歡迎，所以也出現了相同煮法、不同食材的「五更魚」、「五更蝦」等。

月亮蝦餅

台灣泰國餐廳有一道名菜「月亮蝦餅」，也是在台灣創造出來的泰國菜，但有很長時間被台灣人視為泰國小吃。

泰國菜有一道「金錢蝦餅」（ทอดมันกุ้ง，Tot man gung），也是以蝦泥為內餡，再裹麵包粉油炸而成，外形很像日本的可樂餅，跟月亮蝦餅差很大。

月亮蝦餅也是以蝦泥為內餡，但以春捲皮上下包裹，再油煎到兩面金黃，形如滿月。整片大圓蝦餅以披薩方式切片，一般切成八片，擺盤時把八片小蝦

餅尖端向外，裝泰式酸辣醬的小碗碟放中間即成。

結果，在台灣發明的「偽泰國蝦餅」，比真泰國蝦餅更受台灣人喜愛。

圖片來源

（目次）**烏魚子**。圖片來源：https://commons.wikimedia.org/wiki/File:Mullet_roe_by_comicpie_in_Taiwan.jpg(comicpiefromTaiwan,2021/9/27下載)

上卷

米

遭水牛群追趕。圖片來源：https://rdc.reed.edu/c/formosa/s/r?_pp=20&s=4a08d8c5c485909827f8ad47a3808b0bc5abb84b&p=200&pp=1

秈稻。圖片來源：https://commons.wikimedia.org/wiki/File:%E0%B4%AC%E0%B4%B8%E0%B5%81%E0%B4%AE%E0%B4%A4%E0%B4%BF_%E0%B4%85%E0%B4%B0%E0%B4%BF.JPG（Sadik Khalid，2021/6/30下載）

粳稻。圖片來源：https://commons.wikimedia.org/wiki/File:Hinohikari_hulled.jpg（2021/6/30下載）

糯稻。圖片來源：https://commons.wikimedia.org/wiki/File:Oryza_glutinosa_beras_ketan.jpg（Taman Renyah，2021/6/30下載）

東芝電鍋1956年廣告。圖片來源：https://ja.wikipedia.org/wiki/%E3%83%95%E3%82%A1%E3%82%A4%E3%83%AB:Electric_Rice_Cooker_1956.jpg（2021/6/30下載）

大同電鍋。圖片來源：https://commons.wikimedia.org/wiki/File:Tatung_TAC-10L-SI_20151020.jpg（Solomon203，2021/6/30下載）

火刀與火石。圖名為「賢勇婦女像」出自立命館大學：https://ukiyo-e.org/image/ritsumei/arcUP4408?fbclid=IwAR3-i3y_EyDjdKFvHe4aSgSPbNFa2dCX23VNU6H_KbdQVnsLhLT0npdTv4s

麵

鼓勵國人吃麵條。出自：1963年農復會檔案，國家發展委員會檔案管理局授權。

牛磨。出自尚義主編，《臺日大辭典》（臺北：台灣總督府，1931-1932）。

油炸麵包。曹銘宗拍攝。

美援通用標誌。圖片來源：https://commons.wikimedia.org/wiki/File:Us_aid_to_taiwan.png（Stvn2567，2021年8月10日下載

政府大力宣傳麵食。出自1962年農復會照片，國家發展委員會檔案管理局授權。

吳寶春麵包店招牌。曹銘宗提供。

調味料

食茱萸。圖片來源：https://commons.wikimedia.org/wiki/File:%E9%A3%9F%E8%8C%B1%E8%90%B8.jpg（Shih-Shiuan Kao，2021/8/30下載）

馬告。圖片來源：https://commons.wikimedia.org/wiki/File:Litseacubebaflowers.jpg（LiChieh Pan / Flickr user: plj.johnny，2021/8/30下載）

《大臺北古地圖》。圖片來源：https://commons.wikimedia.org/wiki/File:%E3%80%8AKaartje_van_Tamsuy_en_omleggende_dorpen,_zoo_mede_het_eilandje_Kelang%E3%80%8B.jpg（Joan Nessel，2021/9/17下載）

《西班牙人所繪福爾摩沙基隆港與淡水港》。翁佳音提供。

紅糟肉圓。曹銘宗拍攝。

紅燒鰻。曹銘宗拍攝。

1909年的「味の素」包裝。圖片來源：https://commons.wikimedia.org/wiki/File:%E5%89%B5%E6%A5%AD%E2%91%A0_%E7%99%BA%E5%A3%B2%E5%BD%93%E6%99%82%E3%81%AE%E3%80%8C%E5%91%B3%E3%81%AE%E7%B4%A0%E3%80%8D%E7%93%B6.jpg (Ajinomoto Co., Inc.，2021/7/19**下載)**

基隆鰹節工廠。出自台灣舊照片資料庫。台灣大學圖書館館藏。

咖哩料理法。出自：杉房之助、林久三，《會話參考台灣名詞集附臺灣料理法》，台北：博文堂，明治36年（1903）。翁佳音提供。

酒

賽夏族嚼酒。李亦園1956年攝於新竹縣五峰

鄉。中央研究院民族學研究所提供。

米酒（金標）瓶裝用酒標。典藏者：中央研究院。數位物件典藏者：中央研究院數位文化中心。公眾領域標章（Public Domain Mark）。發佈於《開放博物館》[https://openmuseum.tw/muse/digi_object/bdf062ec3f604942d36550f6bec0074a#7868]（2021/07/05瀏覽）。

米酒（銀票）瓶裝用酒標。典藏者：中央研究院。數位物件典藏者：中央研究院數位文化中心。公眾領域標章（Public Domain Mark）。發佈於《開放博物館》[https://openmuseum.tw/muse/digi_object/920734b63d8651a2f0192486d9024b71#7867]（2021/07/05瀏覽）。

赤標米酒桶酒標。典藏者：中央研究院。數位物件典藏者：中央研究院數位文化中心。公眾領域標章（Public Domain Mark）。發佈於《開放博物館》[https://openmuseum.tw/muse/digi_object/b13f2caf516a730876db8dba2570d8df#7871]（2021/07/05瀏覽）。

紅添酒桶酒標。典藏者：中央研究院。數位物件典藏者：中央研究院數位文化中心。公眾領域標章（Public Domain Mark）。發佈於《開放博物館》[https://openmuseum.tw/muse/digi_object/9d8c89b245be1e4d38d13583182c7e8a#7886]（2021/07/05瀏覽）。

吃冰

台南製冰廠。出自台灣舊照片資料庫。台灣大學圖書館提供。

《冰果店》。典藏者：李梅樹紀念館Li Mei-shu Memorial Gallery。創用CC 姓名標示-相同方式分享 4.0國際（CC BY-SA 4.0 International）。發佈於《開放博物館》[https://openmuseum.tw/muse/digi_object/4cf6046050da6e974da164f51bb533cb#17439]（2021/07/05瀏覽）。.

中法戰爭。本圖原刊於中國畫報。圖片來源：https://rdc.reed.edu/c/formosa/s/r?_pp=20&s=4a08d8c5c485909827f8ad47a3808b0bc5abb84b&p=172&pp=1

茶

台灣茶樹。楊智凱提供。

清人揀茶與分茶種。圖片來源：荷蘭國家圖書館。

荷蘭東印度公司在廣東買茶。圖片來源：荷蘭國家圖書館。

淡水製茶葉。圖片來源：https://rdc.reed.edu/c/formosa/s/r?_pp=20&s=4a08d8c5c485909827f8ad47a3808b0bc5abb84b&p=120&pp=1

台灣原住居民的採茶。典藏者：Lafayette Digital Repository。拉法葉學院數位資料使用指南。來源：http://digital.lafayette.edu/collections/eastasia/lewis-postcards/lw0181（2021/07/05瀏覽）。

糖

十七世紀中南美洲製糖廠。翁佳音提供。

《番社采風圖》。翁佳音提供。

舊式糖廍（赤糖）甘蔗壓榨機。典藏者：國立中央圖書館台灣分館。數位物件典藏者：中央研究院台灣史研究所檔案館。創用CC 姓名標示-非商業性 3.0台灣（CC BY-NC 3.0 TW）。發佈於《開放博物館》[https://openmuseum.tw/muse/digi_object/f785b5b4343185d0d7b20eca07715e1d#5681]（2021/07/07瀏覽）。

新式甘蔗壓榨裝置。典藏者：國立中央圖書館台灣分館。數位物件典藏者：中央研究院台灣史研究所檔案館。創用CC 姓名標示-非商業性 3.0台灣（CC BY-NC 3.0 TW）。發佈於《開放博物館》[https://openmuseum.tw/muse/digi_object/e614787fadcbcbdfeb7d144faea80b#5605]（2021/08/11瀏覽）。

〈台灣各製糖會社原料甘蔗採收區域圖〉。典藏者：國立台灣歷史博物館。數位物件典藏者：國立台灣歷史博物館。創用CC 姓名標示-非商業性 3.0台灣（CC BY-NC 3.0 TW）。發佈於《開放博物館》[https://openmuseum.tw/muse/digi_object/1bf589baf738473d32a5a8708d97c10f#101610]（2021/07/07瀏覽）。

醃晒魚肉

獵鹿。圖片來源：https://commons.wikimedia.org/wiki/File:Taiwanese_aborigines_hunting_deer.jpg（2021/6/30下載）

製作烏魚子。出自台灣舊照片資料庫。台灣大學圖書館提供。

食補

清代蕭壠社等熟番。圖片來源：https://commons.wikimedia.org/wiki/File:5e%E8%AB%B8%E7%BE%85%E7%B8%A3%E8%95%AD%E5%A3%A0%E7%AD%89%E7%A4%BE%E7%86%9F%E7%95%AA.jpg (2021/7/13下載)

清代西拉雅人。作者：Formosa [Taiwan]. Wellcome Collection.。福爾摩沙（台灣）影像。典藏者：Wellcome Library。公眾領域標章（Public Domain Mark）。發佈於《開放博物館》[https://openmuseum.tw/muse/digi_object/864b9cc60fca19b09a757ff0d9d9a01a#17400]（2021/09/21瀏覽）。

吃辣

十九世紀末《科勒藥用植物》中收錄的辣椒繪圖。圖片來源：https://zh.wikipedia.org/wiki/File:Capsicum_annuum_-_K%C3%B6hler%E2%80%93s_Medizinal-Pflanzen-027.jpg(2021/7/13下載)

日本時代記載吃辣。出自：杉房之助、林久三，《會話參考台灣名詞集附臺灣料理法》，台北：博文堂，明治36年（1903）。翁佳音提供。

下卷

古早帆船的飲食

荷蘭帆船Mauritius號。圖片來源：https://commons.wikimedia.org/wiki/File:Mauritius_-_Detail_uit_Het_uitzeilen_van_een_aantal_Oost-Indi%C3%ABvaarders_van_Hendrick_Cornelisz_Vroom_(1600).jpg (2021/7/19下載)

葡萄牙加利恩帆船工程製圖。圖片來源：https://en.wikipedia.org/wiki/File:Manuel_Fernandes_-_Livro_de_Tra%C3%A7as_de_Carpintaria_-_500_tonne_galleon.jpg (2021/7/19下載)

長崎港的清國貿易船。圖片來源：早稻田大學圖書館。https://www.wul.waseda.ac.jp/kotenseki/

html/ne03/ne03_03827/index.html?fbclid=IwAR0YUug6IKVKcyL98PDu7Z7PjBT2lZE5N-JwyEYFx4UarARtOeP4TaGCLsl

台灣何時開始養殖虱目魚？

虱目魚。林哲緯繪圖。

澎湖石滬。圖片來源：https://commons.wikimedia.org/wiki/File:%E6%BE%8E%E6%B9%96%E7%9F%B3%E6%BB%AC_2.jpg（曾宥輯，2021/8/12下載）

台灣吃牛肉四百年史

台灣人不吃牛。出自：山根勇藏，《台灣民族性百談》，一九三〇年五月十八日出版。

以牛入菜。出自：林久三，《台灣料理之栞》，一九一二年七月十五日出版。

日本時代台灣軍（日本軍）的軍中食物。出自：台灣軍經理團，〈黃牛肉の軟化調理法に就て〉，《經友》，第四卷第十一號1935-11-06

台灣雞史

永樂町市場販雞。典藏者：國立中央圖書館台灣分館。數位物件典藏者：中央研究院台灣史研究所檔案館。創用CC 姓名標示-非商業性 3.0 台灣（CC BY-NC 3.0 TW）。發佈於《開放博物館》[https://openmuseum.tw/muse/digi_object/14dd4f4d5aa5bfe852e803d4f6a1147b#5077]（2021/08/12瀏覽）。

豬肝史話

什錦火鍋有放豬肝。出自：杉房之助、林久三，《會話參考台灣名詞集附臺灣料理法》，台北：博文堂，明治36年（1903）。翁佳音提供。

滷肉飯及其豬隊友

醃黃蘿蔔。圖片來源：https://commons.wikimedia.org/wiki/File:Takuan_by_mdid.jpg（mdid，2021/09/02下載）

滷肉飯。曹銘宗拍攝。

肉燥飯。圖片來源：https://commons.wikimedia.

org/wiki/File:Cubed_Pork_with_Rice.jpg（kawanet，2021/09/02下載）

腿庫。曹銘宗拍攝。

青椒為什麼叫大同仔？

青椒又叫大同仔。曹銘宗拍攝。

戰俘營紀念碑。圖片來源：https://commons.wikimedia.org/wiki/File:%E9%BA%9F%E6%B4%9B%E9%9A%98%E5%AF%AE%E7%87%9F%E5%8D%80%E7%9A%84%E6%88%B0%E4%BF%98%E7%B4%80%E5%BF%B5%E7%A2%91.jpg（Outlookxp，2021/8/20下載）

魚罐頭小史

番茄鯖魚罐頭。編輯拍攝。

台灣素食小史

齋教照片。翁佳音提供。

貧窮年代的下飯菜

四破魚。曹銘宗拍攝。

台灣如何成為小吃王國？

台灣夜市。圖片來源：https://commons.wikimedia.org/wiki/File:Pagebanner_of_Taiwan_night_markets.jpg（Yuriy kosygin，2021/09/02下載）

台灣發明的外地料理

基隆港。出自《基隆市大觀》。國立臺灣歷史博物館提供。

月亮蝦餅。圖片來源：https://commons.wikimedia.org/wiki/File:%E6%9C%88%E4%BA%AE%E8%9D%A6%E9%A4%85.JPG（Fcuk1203，2021/9/9下載）

索引

文獻

一～五畫

六～十畫

十一～十五畫

十六畫以上

台灣珍藏 24

吃的台灣史

荷蘭傳教士的麵包、清人的鮭魚罐頭、日治的牛肉吃法，尋找台灣的飲食文化史

作　者　翁佳音、曹銘宗
選書主編　張瑞芳
校　對　李鳳珠
版面構成　簡曼如
封面設計　黃子欽
行銷統籌　張瑞芳
行銷專員　段人涵
總編輯　謝宜英
出版者　貓頭鷹出版 OWL PUBLISHING HOUSE
事業群總經理　謝至平
發行人　何飛鵬
發　行　英屬蓋曼群島商家庭傳媒股份有限公司城邦分公司
115 台北市南港區昆陽街 16 號 8 樓
劃撥帳號　19863813
戶　名　書虫股份有限公司
城邦讀書花園：www.cite.com.tw
購書服務信箱：service@readingclub.com.tw
24 小時傳真專線：02-25001990～1（週一至週五 09:30-12:30；13:30-18:00）
香港發行所　城邦（香港）出版集團／電話：852-25086231／hkcite@biznetvigator.com
馬新發行所　城邦（馬新）出版集團／電話：603-90563833／傳真：603-90562833
印製廠　中原造像股份有限公司
初　版　2021 年 10 月　十三刷 2024 年 7 月
定　價　新台幣 560 元／港幣 187 元（紙本平裝）／新台幣 392 元（電子書）
ISBN（紙本平裝）978-986-262-512-5　（電子書 EPUB）978-986-262-5118

讀者意見信箱　owl@cph.com.tw
投稿信箱　owl.book@gmail.com
貓頭鷹臉書　facebook.com/owlpublishing/
【大量採購，請洽專線】(02)2500-1919

國家圖書館出版品預行編目資料

吃的台灣史 / 曹銘宗, 翁佳音著 . -- 初版 . -- 臺北市 : 貓頭鷹出版 : 英屬蓋曼群島商家庭傳媒股份有限公司城邦分公司發行 , 2021.10
面；　公分 . -- (台灣珍藏 ; 24)
ISBN 978-986-262-512-5(平裝)

1. 飲食風俗 2. 文化 3. 歷史 4. 臺灣

538.7833　　110014545